Uwe Hauck

Notizen aus Digitalien

Uwe Hauck

Notizen aus Digitalien

Tagebuch aus der digitalen Zukunft

Bloggingbooks

Impressum / Imprint
Bibliografische Information der Deutschen Nationalbibliothek: Die Deutsche Nationalbibliothek verzeichnet diese Publikation in der Deutschen Nationalbibliografie; detaillierte bibliografische Daten sind im Internet über http://dnb.d-nb.de abrufbar.
Alle in diesem Buch genannten Marken und Produktnamen unterliegen warenzeichen-, marken- oder patentrechtlichem Schutz bzw. sind Warenzeichen oder eingetragene Warenzeichen der jeweiligen Inhaber. Die Wiedergabe von Marken, Produktnamen, Gebrauchsnamen, Handelsnamen, Warenbezeichnungen u.s.w. in diesem Werk berechtigt auch ohne besondere Kennzeichnung nicht zu der Annahme, dass solche Namen im Sinne der Warenzeichen- und Markenschutzgesetzgebung als frei zu betrachten wären und daher von jedermann benutzt werden dürften.

Bibliographic information published by the Deutsche Nationalbibliothek: The Deutsche Nationalbibliothek lists this publication in the Deutsche Nationalbibliografie; detailed bibliographic data are available in the Internet at http://dnb.d-nb.de.
Any brand names and product names mentioned in this book are subject to trademark, brand or patent protection and are trademarks or registered trademarks of their respective holders. The use of brand names, product names, common names, trade names, product descriptions etc. even without a particular marking in this works is in no way to be construed to mean that such names may be regarded as unrestricted in respect of trademark and brand protection legislation and could thus be used by anyone.

Coverbild / Cover image: www.ingimage.com

Verlag / Publisher:
Bloggingbooks
ist ein Imprint der / is a trademark of
OmniScriptum GmbH & Co. KG
Heinrich-Böcking-Str. 6-8, 66121 Saarbrücken, Deutschland / Germany
Email: info@bloggingbooks.de

Herstellung: siehe letzte Seite /
Printed at: see last page
ISBN: 978-3-8417-7240-4

Copyright © 2014 OmniScriptum GmbH & Co. KG
Alle Rechte vorbehalten. / All rights reserved. Saarbrücken 2014

Inhalt

Inhalt..1
Bloggen ist Punk (Anstelle eines Vorworts)..3
Stress in der IT. Das Tabu, über das man besser nicht spricht 5
Die Generation Y pfeift auf Hierarchien. Aber nicht nur die! 6
Digitale Außenseiter: Eine Scheindiskussion 8
Wie sieht der IT Job der nahen Zukunft aus? 9
Wir brauchen Medienkompetenz statt Medienignoranz!...12
Vergesst das Social Web, Gaming Web ist der nächste Schritt 13
Wenn Arbeitnehmer Arbeitgeber im Netz googeln. Web 2.0 als (Arbeits-)Marktvorteil......14
Soziale Netze und neuronale Netze: Ein Antwortversuch zum Carta Artikel.............15
Das Tablet ist NICHT die Lösung, liebe Verleger 17
Innovation braucht Querdenker 19
Wer bremst die Welt? Entschleunigung als Marktvorteil 20
Ob Elektroauto oder E-Book, es mangelt an Infrastruktur! 22
Der meist missbrauchte Satz: Das muss Konsequenzen haben 23
Der nächste große Trend: Senior IT 24
Das Ende der Kulturkritik: Die Beliebigkeit des Web 2.0 26
Wie demotiviere ich Mitarbeiter? Zehn nicht ganz ernst gemeinte Tipps zur erfolgreichen Demotivation. 28
Die Schule als Lernbüro. Warum wir ganz andere Modelle brauchen. 30
Über die Intoleranz der Norm und viele kleine Sarrazins..32
Von Lesebefehlen, Gutmenschendünkel und der Qualität von Twitter 36
Was unsere Gadgets mit Fukushima zu tun haben 37
Vom moralischen Handeln und der Wirtschaftswelt 39
Betriebsräte und Social Media, zwei Welten treffen aufeinander 40
Die selbstverliebte IT Crowd 42
Was motiviert die Crowd? 5 Punkte, die eine Crowd erfolgreich machen................43
Sind junge Informatiker Weicheier? Ich sage NEIN! Aber menschlicher. 45
Social Media Spionage oder: Netz böööööse, Menschen guuuuuut ? FUD reloaded.............46
IT darf nicht nach IT riechen, sondern nach Obst 48
Eltern empört euch, um unsere Kinder zu retten! 49
Mein digitaler Tag, wohlorganisiert und entspannt. 50
Die Zeit der reinen Business Smartphones ist vorbei 53
Generation Y, oder die Illusion des Generationendenkens..54
Crowdsourcing und Coworking. Vom Wandel der (Arbeits-)Welt 56
Andere führen es uns vor. Südkorea führt elektronische Schulbücher ein 57
Google+ als Facebook Killer? Das ist zu kurz gegriffen. Ich nutze die "Datenkrake" gern 58
Das Internet macht dumm, nicht dumm, dumm, nicht dumm 62
Es gibt Dinge, die ich nicht können will. Warum wir Mitarbeiter anders sehen sollten...............63
Der Aufstieg des E-Books als Chance für das gedruckte Buch 65
Wir müssen schnell, die Elite kann langsam?..66
Blogparade: Ich hab da mal eine Frage: Mutig sein, was heißt das eigentlich?........68
Digital Sabbatical, neuer Trend oder nur neuer Wein in alten Schläuchen?.............70
Wir leben mit dem Fetisch Papier. 73
Collaborative Consumption oder: Was unsere Großeltern noch machten 74
Spielen, Innovation und der Schaden durch Wirtschaftsstudenten 77
Wo bleibt denn da der Sinn? Arbeit ohne Sinn oder Sinn neben der Arbeit?...........79

Kastendenken aufbrechen. Die Kosten von Mauern. 82
Innovation ist wie Pilzezüchten 83
Schnell, billig aber nicht gut..84
Mobil in der Zukunft? Mobil in die Zukunft! 86
Querdenker, ein Definitionsversuch..89
Begeisterung, Widerstände und der Irrtum der anderen 91
Hochbegabung kann die Karriere gefährden 94
Hyperspezialisierung als Trend der Zukunft...95
Die Süddeutsche definiert 10 Trends für die Arbeitswelt von morgen. Ein Kommentar.............96
Meine 10 Megatrends der nächsten zehn Jahre..100
Gedanken in der Bahn: Wir brauchen keine Titel sondern Talente 104
Vom Hyperconsumerism zum gezielten Konsum: Nicht konsumieren als Megatrend...............106
Vom Fluch der Standards..108
Das Blog ist tot, es lebe das Blog (anstelle eines Epilogs)...109

Bloggen ist Punk (Anstelle eines Vorworts)

Wir bloggen, weil wir es können oder doch zumindest wollen. Weil wir etwas mitzuteilen haben, oder weil wir einfach nur schreiben, was uns auf der Seele brennt. Wir denken vielleicht an den Leser, vielleicht auch nur an das, was uns bewegt.

Sprache ist unsere Waffe oder unser Trost. Wir versuchen uns mitzuteilen oder uns von der Seele zu schreiben, was uns bewegt.

Nicht weil wir Journalisten sind, nicht weil wir Dokumente, Titel oder Auszeichnungen haben, die uns zu Journalisten machen oder zu Autoren.

Nicht, weil wir zum Schreiben berufen wurden, sondern weil wir einen Drang, einen Wunsch haben, uns mitzuteilen. Weil da etwas in unseren Köpfen brodelt und nach draußen will. Weil Gedanken, Ideen, auch blanke Wut sich in Worte kleiden wollen, weil wir hoffen, bitten, erflehen, dass vielleicht da draußen jemand ist, der ähnlich denkt wie wir. Das unsere Gedanken Relevanz haben, dass sie Resonanz erzeugen und Rückmeldungen kommen.

Wir wünschen uns den Diskurs und hassen ihn, weil er anstrengt. Aber wir lieben ihn auch, weil er uns zeigt, dass was wir denken doch von Bedeutung ist. Weil es Richtung gibt oder Richtungslosigkeit erträglicher macht. Wir halten uns an Regeln oder brechen sie, stellen neue auf und kämpfen darum.

Wir sind Punk, denn unsere Blogs sind Punk. Die Regeln machen wir in unseren Blogs, aber schon das nächste Blog kann sie zerstören und aus den Trümmern etwas Neues bauen.

Bloggen ist Punk, oh, und da dieses Buch quasi die bibliophile Repräsentation meines Blogs bzw. eines Ausschnittes daraus darstellt, ist natürlich selbstverständlich auch dieses Buch Punk.

In Band eins hatte ich aus inhaltlichen Gründen die Sortierung der Artikel etwas umgestellt, um dem Leser meine Hauptthesen konzentrierter näher zu bringen. Das habe ich bei diesem Band absichtlich vermieden. Die Artikel bauen chronologisch aufeinander auf. Das mag zu der einen oder anderen Wiederholung führen, zeigt aber auch gleichzeitig die Entwicklung mancher These im Spiegel der realen Gegebenheiten.

Auch dieses Mal geht mein Dank an meine Familie, die mit mir als frischgebackenem Autor leben musste (und mich wirklich toll unterstützt: Danke dafür Sibylle, Katja, Jan und Marc) sowie Frau Valentina Rudenco, meiner Autorenbetreuerin, die mich auch bei diesem Band begleitet hat.

Zudem danke sagen möchte ich Bettina Scharpf, einer lieben Kollegin, die es auf sich genommen hat, eine Rohfassung dieses Buchs zu lesen und meine manchmal verqueren Satzgebäude und Kriege mit der Rechtschreibung tapfer durchgestanden hat.

Stress in der IT. Das Tabu, über das man besser nicht spricht

TecChannel hat einen Artikel neu veröffentlicht, der schon 2009 richtig war und heute noch nichts an Brisanz verloren hat: "[1]Stress im Job: Das Leiden der IT Mitarbeiter".

Es gibt verschiedene Aspekte, wobei ich hier einen Aspekt kritisieren muss, der in dem Artikel empfohlen wird. Es sollen in den Meetings die Stresslevel der einzelnen Mitarbeiter thematisiert werden. Das setzt aber stets einen vernünftigen, toleranten und am Menschen orientierten Umgang voraus. Und genau hier hapert es in der IT. Oft sind gerade die dort tätigen Mitarbeiter nicht gerade die Ausgeburten an sozialer Kompetenz. Sich über die Leistung oder die Probleme des anderen lustig machen gehört ebenso dazu, wie ein harter Konkurrenzkampf und die Furcht, nicht zu den Topperformern zu gehören.

Hier muss sich zunächst kulturell etwas wandeln. Der Druck muss raus und auch der durchschnittliche Mitarbeiter muss endlich in seiner Relevanz für die tägliche Arbeit akzeptiert werden. Denn oft halten nicht die Top Performer den Laden am Laufen, sondern die "durchschnittlichen Mitarbeiter", die ohne Murren das Tagesgeschäft erledigen und den stetig weiter wachsenden Druck so lange ertragen, bis auch sie nicht mehr können. Wer am Limit arbeitet, macht sich selbst kaputt. Wer glaubt, er könne über den ganzen Tag hinweg 100 % Leistung erbringen, der irrt und macht sich mit diesem Anspruch eher selbst kaputt.

Und ganz wichtig, eine Kultur, die die eigene Leistung nur noch an Kennzahlen misst, kann nur zum Scheitern verurteilt sein, weil sich der "Wert" eines Mitarbeiters nicht nur in Zahlen ausdrückt. Soziale Kompetenz kann ebenso relevant sein. Oft gibt es in Teams auch die Mitarbeiter, die zwar nicht zu den Keyplayern gehören, aber durch ihre Art mit den Kollegen zusammenzuarbeiten

---

[1] http://www.tecchannel.de/job-karriere-seminar/2024790/stress_im_job_das_leiden_der_it_mitarbeiter/

ein Team am Laufen und motiviert halten. Man darf den Menschen nicht vergessen, denn sonst kann man irgendwann das Projekt vergessen.

Wer sich nur noch als "Ressource" und Kostenfaktor wahrnimmt, der verliert sehr schnell die Motivation und wird krank. Denn Wertschätzung ist auch in der IT wichtig. Ja, eigentlich in jedem Beruf!

Und für jeden Einzelnen gilt: Zunächst MUSS die eigene Gesundheit, das eigene physische wie psychische Wohlbefinden kommen, erst danach der ganze Rest. Wenn erst mal das eigene Leben, die eigene Familie darunter leidet, ist es zu spät.

Die Generation Y pfeift auf Hierarchien. Aber nicht nur die!

Die Computerwoche titelt: "[2]Die Generation Y: Weg mit den Hierarchien". Und ich muss sagen, nicht nur die Generation Y, also der nach 1980 Geborene, pfeift darauf. Wenn ich mir ansehe, wie hoch das Durchschnittsalter der Nutzer von Plattformen wie Facebook und Twitter ist (jenseits der 30) dann kann ich nur sagen, wir sind bereits mitten im Wandel und es gibt bereits eine immer größer werdende Zahl von Arbeitnehmern, die schon lange jenseits der Hierarchien arbeiten.

Auch der Aspekt der Integration von Arbeit und Privatleben wird von vielen bereits heute realisiert. Da wird getwittert, während man Themen recherchiert. Da nutzt man private Facebook Kontakte, um relevante Informationen für ein berufliches Problem zu finden oder trifft sich mit Berufskontakten privat, weil man feststellt, dass sie in Foursquare gerade im selben Ort eingecheckt sind.

Es ist eigentlich wie so oft mit neuen Technologien. Während die Hierarchiehörigen, die stets nach festen Regeln arbeiten wollen oder müssen, die neue Welt der flachen Hierarchien verdammen und zu Spielerei degradieren,

---

[2] http://www.computerwoche.de/karriere/hp-young-professional/2358971/

ziehen die fortschrittlich denkenden Arbeitnehmer bereits hohen Nutzen aus den Möglichkeiten und bewegen sich in den virtuellen wie in den realen neuen Welten virtuos und selbstverständlich.

Für mich zählt nicht, dass ich die mir gegebene Arbeitszeit möglichst effizient mit beschäftigt sein ausfülle, sondern dass ich möglichst effektiv meine Ziele erreiche. Denn dann kann ich mehr leisten, ohne mich zu überarbeiten. Auch das ist ein Aspekt des Stressabbaus.

Es ist wie mit jeder neuen Entwicklung. Erst ignoriert man sie, dann verteufelt man sie, dann gewinnen die Nutzer der Technik.

Und letztlich haben wir nicht alle schon immer Hierarchien für etwas künstliches, oft nicht gerechtfertigtes gehalten und waren froh, wenn wir auf dem "kleinen Dienstweg" etwas informell, schnell und effektiv regeln konnten, anstelle die offiziellen, langsamen aber ineffizienten Wege zu gehen?

Nicht umsonst gilt "Dienst nach Vorschrift" in vielen Bereichen nicht als wohlwollende Arbeitseinstellung, sondern als Drohung!

Und noch ein Punkt, der mich bei dem Bericht nicht wirklich verwundert. Sinnvolle Arbeit zählt mehr als Geld. Klar, dann kommen wieder diese dämlichen Sprüche im Stile von „schön, dann brauche ich dir ja gar nichts mehr zahlen". Klar, solche einfältig denkenden Mitmenschen gibt es immer. Aber letztlich ist der wichtigste Faktor für eine gut gemachte Arbeit Motivation. Und zwar nicht die extrinsische, oft allein durch Geld erzeugte Motivation, sondern die intrinsische, aus mir heraus. Leider ist diese aber schwerer zu schaffen, da hierzu das Arbeitsumfeld stimmen muss, die Anerkennung da sein muss und vor allem auch die Freiheitsgrade, die Arbeit so zu tun, wie ich es am besten kann, und nicht, wie es mir die Vorschriften festlegen.

Digitale Außenseiter: Eine Scheindiskussion

Vor einiger Zeit war zu lesen, es gäbe eine wachsende Sorge um "digitale Außenseiter". Nach einer Studie der [3]Initiative D21 zur digitalen Gesellschaft ist etwas mehr als die Hälfte der Gesellschaft nicht oder wenig souverän im Umgang mit der digitalen Technik.

Ach? Was hat das jetzt speziell mit digitaler Technik zu tun? Ich wage mal zu behaupten, dass das so ziemlich die Prozentzahl der Bevölkerung ist, die schon immer Probleme mit Technik hatte. Vermutlich nicht Prozentgenau, aber es gab schon immer Technophobiker, die glaubten, beim Zug fahren würden sich die inneren Organe verschieben, das CERN könne mit einem schwarzen Loch die Erde vernichten, Mobilfunkstrahlen würden Krebs erzeugen (selbst wenn der Mast gar nicht angeschaltet war). Es ist nun mal so, dass viele Menschen Probleme mit Technik haben. Und die wird man auch nicht überzeugen können. Wer immer noch emotional argumentiert, wenn es um die Vorteile eines papierenen Buchs geht, wer jedes elektronische Bürohilfsmittel immer noch als "Spielzeug" klassifiziert und sich stolz brüstet, er fände sich auch ohne Navi zurecht, der soll von mir aus in der digitalen Diaspora versauern. Ich mag es langsam nicht mehr hören. Wer nicht will, den soll man in seiner Welt lassen. Wir können nicht alle von den Vorteilen der modernen Welt überzeugen. Das hat noch nie geklappt. Es bedarf stets auch eines Generationenwechsels, um gewisse Technologien selbstverständlich zu machen. Ich erinnere mich noch gut an die dummen Sprüche, als ich in den Neunzigern mein erstes Mobiltelefon hatte: "Des braucht niemand, i will gar ned erreichbar sein" und so weiter und so fort.

Heute geben nur noch die Ewiggestrigen, die die Technik nicht verstehen, mit der Nichtnutzung an. Und werden von der modernen Kommunikation abgehängt. Und exakt das wird mit der aktuellen Generation passieren, oder zumindest mit dem Teil, der nicht gewillt ist, auch mal etwas Neues kennenzulernen. Wir werden sie nicht mehr erreichen. Aber wir sollten die Welt auf die nachwachsende Generation

---

[3] http://www.digital-lernen.de/nachrichten/diverses/artikel/d21-digital-index-deutschland-ist-digital-gespalten-geografisch-und-soziodemografisch.html

vorbereiten, wir die wir heute schon sehen, wie die Welt morgen aussehen wird. Und wer jetzt sagt, das sind doch vor allem die "Alten": Au contraire!!! Ich kenne auch im Alterspektrum derer zwischen 20 und 40 hinreichend viele Technikallergiker, die schon Panik bekommen, wenn nur mal das Mobiltelefon klingelt oder jeden enerviert anschauen, der nicht auf einem Stück totem Holz seine Notizen macht sondern auf einem Tablet PC. Und wer heute immer noch ignorant meint: "Social Media? Bloggen? Du musst ja Zeit haben!", dem schleudere ich ein verachtungsvolles "Nee, aber du ne bescheidene Terminplanung!" entgegen.

Wie sieht der IT Job der nahen Zukunft aus?

Silicon.de titelte: "[4]Trends für die IT Karriere 2011", und ich muss sagen, der Artikel hat einige interessante Aspekte, die auch für die kommenden Jahre weiterhin gelten werden.

Was ich generell interessant finde, ist die immer stärkere Vernetzung der IT Berufe. Social Media ist längst über die reine private Anwendung hinausgewachsen. Unternehmen experimentieren mit Wikis und Blogs, bieten interne Messenger Systeme an. Das alles zeigt vor allem eins. Social Media ist in den Unternehmen angekommen, aber es besteht großer Bedarf an Strategien, an Erfahrungen im Umgang mit Social Media.

Viele wollen sich jetzt dort positionieren, aber WIRKLICHE Experten sind rar. Schönfärber, die unreflektiert "Die Zukunft liegt in Social Media" propagieren, gibt es leider viel zu viele. Denn was viel wichtiger als die Technologie ist, ist die Einführung einer Social Media Unternehmenskultur. Und das ist bedeutend schwerer, weil es an alten Pfründen, an Hierarchien und Kommunikationsprinzipien rüttelt. Hier muss offen kommuniziert werden, und der

---

[4] http://www.silicon.de/management/cio/0,39044010,41542014, 00/trends_fuer_die_it_karriere_2011.htm

einzelne muss oft alte Egoismen oder Herrschaftswissen zugunsten der Community aufgeben. Und das fällt vielen doch recht schwer.

Aber noch etwas ist interessant an diesem Artikel. Die neuen Jobbilder, wie zum Beispiel Twitter Coaches und Social Media Manager. Noch vor einem halben Jahr hätte ich hier geschrieben, das sind Buzzword Berufsbezeichnungen, die keinerlei Substanz haben. Nach dem, was ich aber in der letzten Zeit bei meinen Recherchen erlebt habe, auch angetrieben durch das wachsende Interesse meines Arbeitgebers an den Social Media Themen, besteht tatsächlich ein großer Bedarf an wirklichen Fachleuten im Bereich Social Media. (Und ich füge der Liste immer wieder gerne den Information Broker hinzu, dessen primäre Aufgabe es in Zukunft sein wird, Kollegen gezielt mit Informationen aus den verschiedensten Kanälen zu einem dezidierten Thema zu versorgen.)

Und damit meine ich keine Buzzword Schleuderer, sondern wirklich Fachleute, die das Medium selbst intensiv nutzen. Die sowohl die Chancen, als auch die Gefahren kennen und so die Mitarbeiter und damit letztlich das ganze Unternehmen fit für Social Media machen. Diese Plattform wird nicht wieder verschwinden, sie wird sich immer mehr in den Alltag integrieren. Jobangebote über Twitter, die Migration von beruflichen Vernetzungen hin in die Social Media Plattformen, all das sind Indizien dafür, dass die Technologie immer mehr im Alltag ankommt.

Zwar wird es auch weiterhin Verweigerer geben, die das Ganze nur für Spielerei halten, aber diese Generation wird letztlich immer mehr durch die "Digital Residents" abgelöst, die gar nicht mehr fragen, ob diese Plattformen zu nutzen sind, sondern eher, welche Dienste der Arbeitgeber bereitstellt.

Die Vernetzung bietet völlig neue Möglichkeiten, schnell an Informationen zu kommen. Aber auch schnell an Angebote anderer Arbeitgeber. Das heißt, Unternehmen müssen sich neu positionieren, ihren Marktwert für den Arbeitnehmer anders und neu aufzeigen. Auch hier können die Social Media Plattformen gute Dienste leisten.

Letztlich kann ich als potentieller Arbeitnehmer genauso wie mein Arbeitgeber sehr einfach über entsprechende Schlagwortsuchen bei Google, Twitter, Facebook und Co. herausfinden, wer bei welcher Firma arbeitet und anhand der Tweets und Postings ein ziemlich gutes Bild von der Unternehmenskultur bekommen.

Unternehmen, die in den Social Media Plattformen nicht präsent sind, werden von den *High Potentials* auch nicht mehr als mögliche Arbeitgeber wahrgenommen werden.

Neben der reinen Etablierung eines Auftritts in den Social Media Plattformen ist deshalb gerade das Coaching der Mitarbeiter im Umgang mit den Plattformen, der bewusste Umgang im ganzen Unternehmen und eine umfassende Strategie wichtig. Nur ein Profil zu besitzen reicht schon längst nicht mehr. Der Kanal will mit Mehrwert für potentielle Kunden und/oder Arbeitnehmer befüllt werden. Und dieser muss ehrlich und frei von reinen Marketing Floskeln sein.

In einer Wirtschaft, die immer mehr gleichartige Produkte auf den Markt wirft, in der ich ein Fahrzeug von Hersteller A oft nur noch schwer vom Fahrzeug von Hersteller B unterscheiden kann, brauchen die Unternehmen andere Herausstellungsmerkmale. Hier greift Service, der nun auch über Chat, Facebook oder Twitter erwartet wird. Sobald ich einen offiziellen Kanal auf Twitter eines Unternehmens finde, dessen Produkte ich schätze, erwarte ich auch, mit dem Unternehmen über Twitter in Kontakt treten zu können.

Schon heute nutze ich immer seltener E-Mail und immer häufiger einen kurzen Tweet oder einen direkten Chat, um mit Unternehmen zu kommunizieren. Noch bin ich damit Mitglied einer Minderheit. Aber die Wachstumszahlen von Diensten wie Twitter und Facebook zeigen, bald wird die Mehrheit so kommunizieren.

Wir brauchen Medienkompetenz statt Medienignoranz!

Die vergangenen Pisastudien haben es gezeigt, und selbst wenn man die aktuellen Ergebnisse als Erfolg wertet, sind die Zahlen eher traurig: Was den Umgang mit neuen Medien angeht, gibt es in den Schulen zum Teil ungeheure Defizite.

In Deutschland, dem scheinbaren Land der Dichter und Denker, wird über die Medien noch viel zu negativ nachgedacht. Wo die Presse lieber über Cyberbullying und Egoshooter berichtet als über die Bildungsmöglichkeiten und die Demokratisierungspotentiale des Internets, kann ich den Jugendlichen keinen Vorwurf machen, wenn sie nicht so kompetent sind wie ihre Altersgenossen in aufgeschlosseneren Ländern. So lange Rektoren noch der Auffassung sind, "Der Computer verdummt unsere Schüler" und "keinen Computer bis zur achten Klasse", wundert mich nichts (und ich habe das live erlebt und war fassungslos ob solch mittelalterlicher Gedankenwelten). Wir müssen endlich begreifen, dass auch Computersachverstand wichtig ist. Dass wir Medienkompetenz brauchen. Und zwar gerade auch bei den Eltern. Die lassen ihre Kinder meist entweder unkontrolliert auf den Rechner los oder verbieten ihn ganz. Beides zeugt von entsetzlicher Ignoranz und ist gefährlich.

Wir dürfen die Kinder nicht mit dem Netz alleine lassen. So weit richtig. Aber das Netz ist nicht gefährlich und nicht schädlich, wenn es kompetent genutzt wird.

So lange aber Lehrer, Politiker und Medien noch solchen Blödsinn verzapfen und Computer und Internet als verdummende Technologien verdammen, denen man angeblich nur mit dem Lesen von Büchern und dem Denken in Gedankenwelten von Vorgestern begegnen kann, werden wir noch weiter zurückfallen.

Nicht Computer, Internet und Co sind am schlechten Abschneiden bei PISA schuldig. Es liegt an einer nur am Sparen orientierten Bildungspolitik, an überforderten Lehrern und einer Presse, die lieber spektakuläre Halbwahrheiten verbreitet, anstatt richtig zu recherchieren.

Wir brauchen eine neue Erziehung, die wieder bildet, anstatt nur auszubilden. Die Unternehmen kommen erst an zweiter Stelle. Wir müssen den MENSCHEN bilden, nicht den Arbeitnehmer. Wir haben schon zu viele dumpfe Abnicker und Karrieristen in den Unternehmen. Auch die Finanzkrise war mit ein Resultat eines Denkens, das nur noch auf den Profit und nicht mehr auf den Menschen schaut. Ein bisschen mehr humanistische Bildung, etwas mehr Ethik und Moral wäre manchem "da oben" nicht abkömmlich!

Vergesst das Social Web, Gaming Web ist der nächste Schritt

In einem sehr interessanten Vortrag :"[5]The game layer on top of the world" bei TED erläutert Seth Priebatsch, warum er glaubt, dass wir bei den sozialen Netzwerken keine tiefgehenden Neuerungen mehr erleben werden, warum ein neuer Paradigmenwechsel ansteht. Er sieht den "Gaming Layer" als nächsten Schritt, die Verbindung von Handlungen in der realen Welt mit Punktesystemen und Belohnungen, wie wir sie schon von Spielen und solchen Einrichtungen wie der Happy Hour kennen, wo man dafür belohnt wird, wenn man ein bestimmtes Geschäft zu einer bestimmten Zeit aufsucht und dann einen Rabatt erhält.

Und ich finde, er hat da einen wichtigen Punkt aufgezeigt. Wir gelangen vom rein Sozialen hin zu den Spielen. Die Systeme von Foursquare und Yelp und anderen Empfehlungssystemen beruhen auf der Idee, einen Badge, einen besseren Punktestand oder Reputation zu erreichen. Selbst die Zahl der Follower, die Zahl der Retweets bei Twitter wird bereits von Diensten wie Klout gemessen, um daraus ein Ranking zu extrahieren. Das kann eine spannende neue Form sein, den lokalen

---

[5] http://www.ted.com/talks/lang/eng/seth_priebatsch_the_game_layer_on_top_of_the_world.html

Geschäften durch Punktesysteme zu helfen. Denn wer sagt denn, dass Systeme wie Payback nicht auch in lokalen Communitys eingesetzt werden könnten, um die Geschäfte vor Ort zu fördern und dafür zu sorgen, dass wieder vermehrt lokal gekauft wird. Über Punktesysteme könnte man z.B. auch Fahrgäste im öffentlichen Verkehr belohnen, wenn sie den Bus nehmen, anstelle des Autos.

Werden solche Systeme sinnvoll und mit Verstand eingesetzt, kann man so quasi als Nebenprodukt das Konsumverhalten der Menschen zum Besseren verändern. Man muss ab er darauf achten, dass nicht der Kommerz hier die Oberhand gewinnt, und wie bei den Systemen der Kreditkarten oder der Payback Karten nur noch der Konsumaspekt gewinnt. Hier bietet die "Community" die bereits erlernte Tradition und das Wertegebäude der Social Media an Gewicht, das puren Kommerz und plumpe Werbung schon heute eher abstraft als befürwortet.

Wenn Arbeitnehmer Arbeitgeber im Netz googeln. Web 2.0 als (Arbeits-)Marktvorteil

Warum wird eigentlich immer darüber gesprochen, dass es gefährlich ist, als Arbeitnehmer im Netz zu viel von sich preis zu geben? Warum nicht das mal ernsthafter überlegen, was Die ZEIT-Online eher ironisch in ihrem Artikel "[6]Durchleuchte deinen Chef" exemplarisch macht?

Arbeitgeber werden in Zukunft darauf achten müssen, wie sie sich im Netz darstellen, welche Nachrichten das Netz als unser „globales Gedächtnis" über sie speichert. Auch für einen Arbeitgeber ist es nicht von Vorteil, wenn eine Google Suchanfrage schlechte Bewertungen in entsprechenden Portalen, Berichte über Gerichtsverfahren oder schlechte Verbraucherbewertungen zu einem Betrieb zu Tage fördert. Gerade durch die Demographie und den damit einhergehenden

---

[6] http://www.zeit.de/karriere/beruf/2010-12/arbeitgeber-googeln

Wandel vom Arbeitgeber- zum Arbeitnehmermarkt sollten sich Personalabteilungen und Personalmarketing auf das neue soziale Netz einlassen, um gezielt für das Unternehmen zu werben, um zu beobachten, wie die Außenwirkung im Netz ist und potentielle Bewerber ggf. auf Facebook oder Twitter auch mal direkt anzusprechen. Gerade im IT Bereich wird die nachfolgende Generation ganz selbstverständlich mit Facebook und Twitter als Kommunikationsweg umgehen. Darauf müssen sich die Unternehmen einlassen, wollen sie auch in Zukunft noch als moderne und offene Arbeitgeber gesehen werden.

Soziale Netze und neuronale Netze: Ein Antwortversuch zum Carta Artikel

Matthias Schwenk sieht in den neuen Erkenntnissen der Hirnforschung neue Chancen für die Marktforschung:"
Dem möchte ich widersprechen. Die Ideen, die auch in dem Vortrag von [7]Sebastian Seung dargestellt werden, unterscheiden sich extrem deutlich von den Fragen der modernen Marktforschung. Denn selbst, wenn es eines Tages gelingen sollte, das sogenannte Connectom eines Menschen, also das Equivalent des Genoms aus den Vernetzungen des Gehirns zu extrahieren, hat die Wissenschaft nicht weniger, aber auch nicht mehr als die physikalische Struktur des Gehirns in der Hand. Dann erst kann überhaupt damit begonnen werden, zu erforschen, wie in diesen komplexen Vernetzungen Gedanken entstehen.

Auch die bisherigen Erkenntnisse aus den Untersuchungen mittels MRT, die zum Beispiel zu Theorien über Spiegelneuronen führten, die aktiv sind, wenn ein bestimmtes Handlungsmuster ausgeführt oder beobachtet wird ([8]vor kurzem in einem Artikel in der Zeit sehr schön dargestellt), sind mit Vorsicht zu genießen.
Es muss nicht zwangsläufig bedeuten, dass eine Aktivität in einer Hirnregion beim Anblick eines Apfels etwas über Apfel als Repräsentationsmuster im Gehirn

---

[7] http://hebb.mit.edu/people/seung/
[8] http://www.zeit.de/2010/51/N-Spiegelneuronen

aussagt. Diese Aktivitätkann verschiedenste Ursachen haben, sie entspringt vielleicht einem bestimmten neuronalen Aktivierungsmuster beim Betrachten von Objekten, einer Kategorisierung in "Lebensmittel" oder hat ganz andere Bedeutungen. Wir wissen einfach noch NICHTS darüber, wie sich aus der Struktur des Gehirns die metaphysische Ebene des Individuums manifestiert. Viele Forscher arbeiten an diesen Fragen, aber es wird noch Jahrzehnte dauern, bis hier wirklich tiefergehende Erkenntnisse kommen. Insofern würde ich hier keine zu großen Erwartungen in eine Projektion der Erkenntnisse aus der Neurowissenschaft in die Sozialen Netze legen. Denn dort operiert nicht ein physikalisches Medium aus Neuronen, Synapsen und deren Vernetzung, sondern emotionale und Verstand gelenkte Wesen, die nicht so einfach durchschaubar sind, wie sich das die Marktforschung gerne vorstellen würde.

Sicher, wir erlangen immer tiefere Erkenntnisse in die funktionalen Bestandteile des Gehirns. Aber ebenso wie eine immer tiefer gehendere Forschung nötig ist, um zu verstehen, WAS die ganzen Genombestandteile bedeuten, wird es noch komplexere Forschung bedingen, auch nur annähernd zu verstehen, wie aus Verstärkung und Abschwächung und aus vielfacher Vernetzung von Neuronen das entsteht, was wir Bewusstsein, ja Denken nennen. Die Verbindung von Größe der Amygdala und Grad sozialer Vernetzung ist nach ersten Erkenntnissen da, aber warum? Wie entsteht sie? Besteht der Zusammenhang wirklich zwischen diesen beiden Faktoren, oder hängt die Größe der Amygdala vielleicht eher vom Grad an Kontaktfreude ab? Oder von der Charaktereigenschaft der Extrovertiertheit?

Liest man bei Wikipedia nach, wird der Fehler in der Grundannahme offensichtlich. Die Korrelation bedingt keineswegs einen Zusammenhang der beiden Nenngrößen zueinander.

Zitat Wikipedia:"Die Korrelation beschreibt die Beziehung zwischen zwei oder mehreren[9] statistischen Variablen. Wenn sie besteht, ist noch nicht gesagt, ob eine

---

[9] http://de.wikipedia.org/wiki/Statistische_Variable

Größe die andere [10]kausal beeinflusst, ob beide von einer dritten Größe kausal abhängen oder ob sich überhaupt ein Kausalzusammenhang folgern lässt."

Solche Zusammenhänge werden aber in den Medien gerne konstruiert, weil sie *halt spannend klingen für den Leser.*

Das Tablet ist NICHT die Lösung, liebe Verleger

In der Süddeutschen war zu lesen: [11]"Die iPad-Illusion - Tablet-Computer sollen die Zeitungsbranche retten, weil Nutzer Geld für Nachrichten zahlen. Doch eine Zwischenbilanz zeigt: Der Traum könnte sich als Chimäre entpuppen."

Damit meint die Süddeutsche, dass die erwarteten glorreichen Umsätze mit Zeitungsapps offensichtlich doch nicht so eintreten wie erwartet. Nun denn. Analysieren wir die Gesamtsituation doch mal ganz ehrlich: Im Gegensatz zum E-Book-Reader ist ein IPad ein MULTIMEDIA Device. Mit herkömmlichen reinen Print- und Bildapps kommen die Verlage da nicht weit, denn es gibt ja auch noch Video, Audio und Spiele. Und ich wage zu behaupten, dass für die meisten Käufer des IPads und ähnlicher Devices das Gerät definitiv kein Arbeitsgerät ist. Es sei denn, es gehört hauptsächlich Konsumption zur Arbeit des Besitzers.

Sobald ich selbst Texte verfassen oder aktiver auf Twitter oder Facebook unterwegs sein will, brauche ich eine Tastatur oder zumindest eine schnelle und effiziente Eingabemethode.

Zum anderen wird der Markt in diesem Jahr meiner Ansicht nach nicht so explodieren, wie manche das erwarten. Denn der erste Hype ist durch, ich kenne bereits einige Nutzer, die desillusioniert von ihren Tablets wieder zu Notebooks

---

[10]. http://de.wikipedia.org/wiki/Kausalit%C3%A4t

[11] http://www.sueddeutsche.de/medien/nachrichten-auf-dem-tablet-computer-illusion-vom-ipad-anker-1.1042386

und Smartphones umschwenken, denn ein Tablet ist nun mal kein Arbeitsgerät, mal ein paar Nischen ausgenommen.

Außerdem, so günstig ist eine Zeitung auf dem App auch nicht, selbst wenn sie günstiger angeboten wird. Denn die Anschaffung des Lesegeräts ist erstmal recht teuer. Und da es sich um ein technisches Gerät handelt, ist die Lebenszeit begrenzt und durch den Hypefaktor limitiert, so dass in mind. 2-3 Jahren das Nachfolgegerät angeschafft wird. Nun hat der typische Tablet Nutzer aber auch noch Smartphone und Notebook, die auch in regelmäßigen Abständen ersetzt werden müssen. Je mehr Gadgets man besitzt, desto teurer ist der Spaß.

Und einer der schönen Seiteneffekte des Webs ist ja, daß ich mir meine Nachrichten aus verschiedenen Quellen zusammenstellen kann. Solange die Verleger immer noch ganze Zeitungen im Abo anbieten, werde ich mich hüten, mich digital nur an eine Zeitung zu binden. Dann doch lieber der breiter gestreute Dienst, den ich über einen RSS Feed beziehe. Sicher, Tablets werden weiterhin am Markt bestehen. Aber auch hier ist der Hype bald vorbei, und dann werden wir alle merken, dass ein Tablet weder ein Smartphone noch ein Notebook ersetzt und somit als weiterer Ausgabeposten wohlüberlegt sein will. Ich nutze zur Zeit "noch" einen gebrauchten Tablet PC, der aber bei weitem häufiger mit Tastatur denn als reines Tablet genutzt wird. Und er wird mit Sicherheit nicht durch einen weiteren oder gar ein Tablet ersetzt werden. Wohlgemerkt, es geht mir NICHT um die Sinnhaftigkeit von Touchscreens. Aber als alleinige Eingabemöglichkeit finde ich sie schon bei Smartphones höchstens tolerierbar, da ich dort keine längeren Texte schreiben werde.

Letztlich empfand und empfinde ich günstige (also ca. 50 Euro teure) E-Book-Reader immer noch als die bessere Alternative, da hier das Leseerlebnis angenehmer und das Budget bei weitem nicht so strapaziert ist!

Innovation braucht Querdenker

Die Zeit schrieb: "[12]Stellt Menschen ein, und nicht Mutanten" und kurz darauf: "[13]Querdenker machen Karriere". Recht hat sie, aber es ist nicht leicht, dieses Bewusstsein in Chefetagen und Personalabteilungen zu verankern.

Zu einfach ist es, die Kopie des Bisherigen zu suchen, für die Softwareentwicklung den reinen Informatiker, fürs Marketing einer Bank den Banker mit Marketingausbildung.

Was aber macht den Quereinsteiger so attraktiv? Vor allem der andere Blickwinkel, die Lust am Hinterfragen. Viele neue Mitarbeiter mit dem passenden Background sind leider auch betriebsblind. Da werden zwar Versuche unternommen, neue Technologien und Vorgehensweisen einzuführen, doch der Mensch ist ein Gewohnheitstier und mag tendenziell keine Veränderung. Aber gerade hier ist es nützlich, auch die Andersdenkenden mit zu integrieren, diejenigen, die schon per definitionem auf dem Tellerrand stehen, über den der eingefahrene Mitarbeiter gar nicht mehr blickt.

Aus eigener Erfahrung weiß ich, es ist oft ein Kampf als Quereinsteiger. Ich bin zwar als Softwareentwickler tätig und habe auch Informatik studiert, aber eben auch Sprachwissenschaften, Künstliche Intelligenz und Computerlinguistik. Vieles aus diesem Fundus kann ich zwar insgeheim bei der täglichen Arbeit anwenden, aber ich tue das stillschweigend, weil ich damit bei dem einen oder anderen eine Grenze überschreite, hinter die dieser einfach nicht blicken will.

In einem Markt, in dem sich die Produkte egal welche Branche immer öfter nur noch marginal unterscheiden, kommt es auf die innovativen Ideen, die kreativen Lösungen an. Dafür aber ist Querdenken, sich in unterschiedlichsten Wissensgebieten bewegen elementar. Und gerade der Querdenker hat dies von Grund auf gelernt, weil er flexibel sein muss, will er in neuen Feldern bestehen.

Und auch die Psychologievorlesungen meines Studiums haben mir schon häufig im Umgang mit Auftraggebern oder Kollegen genutzt.

---

[12] http://www.zeit.de/2011/35/C-Coach

[13] http://www.zeit.de/2011/02/C-Quereinsteiger

Querdenken mag manchmal für die "Das haben wir immer schon so gemacht" Menschen anstrengend sein. Aber wenn immer nur das Bestehende weiterentwickelt wird, droht irgendwann Stillstand. Nichts ist so alt wie die Idee von gestern.

Und sollte ein Unternehmen sich entschließen, Innovation als eigene Aufgabe zu verankern, tut es gut daran, sich gerade die Querdenker zu suchen. Dort ist die Innovation zuhause. Und dann bitte nicht erwarten, dass die Querdenker als erste vorgeschlagen werden. Meist sind sie für die Führungsetagen eher die Unbequemen, weil sie hinterfragen, weil sie auch nicht einfach hinnehmen, was halt immer schon so gemacht wurde.

Aber sie sind diejenigen mit den Impulsen, mit dem so wichtigen Blick weit über den Tellerrand hinaus. Es lohnt sich, die Querdenker, die Quereinsteiger ins Unternehmen zu holen bzw. diejenigen zu finden, die bereits im Unternehmen sind. Sie könnten einen gewichtigen Beitrag zum Vorsprung vor der Konkurrenz leisten.

Wer bremst die Welt? Entschleunigung als Marktvorteil

Alles immer schneller. Das scheint das aktuelle Dogma zu sein. Wir sollen immer effizienter arbeiten, alle Prozesse werden auf ihre versteckten Effizienzhemmer abgeklopft. Dass dabei der Mensch im Privaten wie bei der Arbeit immer mehr unter Druck gerät, wird entweder gar nicht beachtet, oder billigend in Kauf genommen. Das achtjährige Abitur setzt schon Schüler der Gefahr eines Burn Outs aus. Psychische Erkrankungen sind mittlerweile die dritthäufigste Ursache für eine Krankschreibung.

Aber warum machen wir das ganze eigentlich (mit)? Weil es schlichtweg um Quantität geht, um mehr, schneller, günstiger.

Doch es gibt Gegenbewegungen: Slow Food ist nur eine davon. Auch der Erfolg von Zeitschriften wie "Landlust" hat etwas mit der Sehnsucht der Menschen nach Enschleunigung zu tun. Und gerade etabliert sich auch ein Trend weg von Massenware, die billig und schnell im Ausland gefertigt und jederzeit verfügbar ist hin zu Handarbeit und Unikaten. Diese sind dann zwar teurer, aber wertiger und vor allem unter sozialen Bedingungen produziert.

In einer Zeit, wo der Kunde immer mehr zum ehrenamtlichen Mitarbeiter von Unternehmen wird und Formulare selbst ausfüllen muss, am Geldautomaten selbst sein Geld zieht, Tickets und Fahrkarten am Automaten lösen muss, wo also das Produkt schon fast vom Kunden produziert wird, könnte eine Rückkehr zu echter Dienstleistung das neue Merkmal für wertschätzende Unternehmen sein. Nicht schnell, ab er sorgfältig, nicht für den Profit, sondern für den Kunden zu produzieren, nicht die Mitarbeiter immer mehr unter Druck zu setzen, sondern mit Freiräumen und sozial zu arbeiten, das könnte auf dem Verbraucher- wie auf dem Arbeitsmarkt das neue Unterscheidungskriterium des "besseren" weil nachhaltigeren Produkts werden. Vom Dioxinskandal über die Probleme der Bahn und der S-Bahnen bis hin zu den immer noch in großer Zahl für unseren Billigkonsum arbeitenden Kinder in den asiatischen Ländern. Vielleicht braucht es ein Zurücktreten und Entschleunigen, um wieder Effektivität und Menschlichkeit vor Effizienz und Profit zu stellen.

Dafür müssen aber die Umstände der Herstellung transparent sein, muss ich mich auch objektiv informieren können. Ob ein teureres Produkt wirklich auch hochwertig und sozial verträglich gefertigt wurde, kann man heute nur schwer oder gar nicht herausfinden. Das "Made in... " könnte ein Indiz sein. Erst wenn offengelegt wird, wo produziert wird, wie die Arbeitnehmer dort arbeiten und welche Materialien und Prozesse dort zur Verwendung kommen, kann auch objektiv die Nachhaltigkeit beurteilt werden. Hier wäre eine Plattform sinnvoll, die unabhängig wie z.B. die Stiftung Warentest informiert, und das zentral. Es gibt mit Foodwatch, spielgut und anderen schon Plattformen für Fragmente des Marktes, aber es braucht eine zentrale Stelle, die sowohl kontrolliert als auch dokumentiert und die bedingungslos unabhängig von Unternehmen und Herstellern sein muss.

Ob Elektroauto oder E-Book, es mangelt an Infrastruktur!

Warum boomen die neuen Technologien nicht? Warum sind E-Book, E-Auto oder auch Video on Demand immer noch keine Massenprodukte? Viele glauben, es hängt an der Verfügbarkeit der Geräte, Fahrzeuge oder Dienste.

Falsch: Das Hauptproblem ist und bleibt die mangelnde Infrastruktur! Solange ich nicht sicher sein kann, dass ich überall, wo ich Benzin tanken kann, auch mein Elektroauto schnell aufladen kann, solange ich nicht in jedem Online Buchladen ALLE im Moment verfügbaren Bücher in einem Format für ALLE Lesegeräte herunterladen kann, wird auch der Massenmarkt diese Techniken nicht akzeptieren. Wenn ich mir einen Fernseher mit Video on Demand anschaue, aber erst umständlich bei meinem Provider nachrecherchieren muss, ob er mir die nötige Bandbreite bereitstellen kann, wird die Technologie kein Erfolg. Und wir dürfen nicht erwarten, dass Unternehmen die Infrastrukturen bereitstellen.
Das muss Aufgabe des Staates sein. So, wie es gewisse Dienstleistungen gibt, die einfach nicht dem Diktat des Marktes folgen sollten (Gesundheit, Straßenbau, Strom-, Wasserversorgung, Bahn), so müssen auch die neuen Technologieinfrastrukturen vom Staat vorangetrieben werden, um auch jene Regionen zu erreichen, in denen die Einrichtung nicht nach unternehmerischen Gesichtspunkten profitabel ist, wohl aber aus gesellschaftlicher Sicht. Sonst haben wir früher oder später Megastädte, in denen die Menschen zu überteuerten Preisen leben müssen und komplett verödete Regionen, die sowohl kulturell als auch technologisch abgehängt sind.

Natürlich wird im Moment die Renaissance des Lebens in der Stadt gepredigt. Aber das ist so durchschaubar, denn es bedeutet vor allem für die Konzerne

Dienstleistungen an Kunden verkaufen zu können, ohne selbst investieren zu müssen.

Wir müssen neben dem Profit der Konzerne auch immer den Nutzen, den Bedarf des Bürgers (nicht nur als Konsument!) im Auge behalten. Wir sind alle längst von profitorientierten Großkonzernen zu reinen Melkkühen für überteuerte Dienstleistungen geworden, die wir dann noch selbst erledigen müssen (man sagt dazu großspurig „kundenorientierter Selfservice" wenn man eigentlich meint „wir sparen uns teure Angestellte und ihr Kunden arbeitet für uns kostenlos mit").

Der Kunde der Zukunft erwartet Service. Individuell und überall. Und das kann nur geleistet werden, wenn der Staat involviert ist, wenn auch der Bürger eine Lobby hat und nicht nur der zu melkende Konsument, der am richtigen Ort für den Konzern lebt.

Wenn ich Krankenhäuser und das Gesundheitswesen nur noch profitorientiert führe, wird es bald nur noch in Ballungszentren Ärzte und Krankenhäuser geben. Dann wird das Leben in ländlichen Regionen zum Überlebensrisiko. Dann werden ganz Regionen veröden. Und eine Ballung der Bevölkerung in wenigen Megastädte mag für Konzerne oder Verwaltungsangestellte wünschenswert sein, kulturell und auch was die ländlichen Dienstleistungen angeht, könnte sich das bald gegen die städtischen Monokulturen wenden.

Wenn ich nicht auch auf dem Land entsprechenden Zugang zu schnellem Internet biete, werden immer mehr Unternehmen dort wegziehen und somit eine Arbeitslosigkeit der Landbevölkerung bewirken, die extrem risikoreich für das soziale Gleichgewicht werden könnte. Zumal dann auch der Pendlerverkehr wieder steigt, was wieder eine höhere Belastung der Transportinfrastrukturen UND der Umwelt bedingt.

Der meist missbrauchte Satz: Das muss Konsequenzen haben

Schon mal aufgefallen? Ob es nun um den Dioxin Skandal, die Umgangsformen auf der Gorch Fock, das Öffnen von Briefen der Feldpost, die Finanzkrise, Bestechung von Politikern, zu heißen / zu kalten / nicht fahrenden Zügen oder S-Bahnen geht. Immer hört man von den Verantwortlichen: Das muss Konsequenzen haben, wir werden schonungslos aufklären. Ab er tut sich was? Nein! In den letzten Jahren z. B. gab es diverse Dioxinskandale, aber geändert hat sich nichts. Stattdessen gibt es diese witzigen Verpflichtungen zu FREIWILLIGEN Selbstkontrollen. Also quasi, ich mache den Bock zum Gärtner und lasse ihm noch die Wahl, wann er wie wo kontrolliert.

Wen wundert es da noch, dass von den angeblichen Wutbürgern gesprochen wird? Ich würde nicht vom Wutbürger sprechen, vielmehr vom enttäuschten Bürger. Es geht doch immer wieder um dasselbe Prinzip. Die eigentlich Verantwortlichen geben sich betroffen und uninformiert („hätten wir gewusst, was da vorgeht, wir hätten das unterbunden"), und irgendwelche zumeist Unschuldigen werden zum Bauernopfer stilisiert. Und diejenigen, die darunter leiden, also Konsumenten, Bürger oder Angehörige dürfen sehen, wie sie damit zurecht kommen.

Ich möchte den Satz: "Das muss Konsequenzen haben" nicht mehr hören. Ich will sehen, dass es endlich mal Konsequenzen hat, und zwar bei den Verantwortlichen. Und vor allem, es wird Zeit für Kontrollen, die nicht die Schädigenden selbst durchführen. Das heißt nämlich, dass es gar keine Kontrollen gibt.

Der nächste große Trend: Senior IT

Über die sich verändernde Altersstruktur in Deutschland brauche ich wohl nicht zu sprechen. Auch nicht darüber, dass wir alle immer älter werden, oder darüber, dass wir im Alter nach der Arbeitsphase immer längere Phasen haben, in denen wir noch körperlich recht rüstig sind.

Aber warum finde ich immer noch relativ wenig interessante Technologien für das Alter? Klar, es gibt Telefone mit Monstertasten, aber ansonsten? Fernseher bekommen immer mehr Funktionen und die Fernbedienungen immer mehr Tasten. Interessante Ansätze gibt es z.B. bei Fahrerassistenzsystemen und auch bei den in Japan entwickelten Exoskeletten für die Unterstützung gelähmter oder geschwächter Gliedmaßen.

Aber wirklich attraktive Lösungen finde ich kaum. Alles hat den Geschmack einer Notlösung, die halt mal auf den Markt geworfen wurde, weil die "Alten" ja auch was brauchen.

Hütet euch ihr Hersteller, die "Alten" werden sich bald zur größten Konsumentenschicht für euch entwickeln und sie werden längst nicht mehr so technophob sein wie ihr euch das ausmalt. Sie werden nur anspruchsvoller sein, sie wollen einfache Geräte, sie wollen schnelle Erfolge und sie wollen gutes Design. Und mit Sicherheit wird alles rund um Technologie fürs Alter ein großer Markt.

Vor kurzem erst wurde im TV über neueste Forschungen der Frauenhofer Institute zum altersgerechten Wohnen berichtet. Ich prognostiziere, hier entsteht ein Milliardenmarkt. Pflege erst dann, wenn es gar nicht mehr selbst geht. Bis dahin von Technik unterstütztes Wohnen. Aber auch hier muss sich die Technik elegant ins Wohnumfeld schmiegen. So könnte der Spiegel morgens an notwendige Medikamente erinnern, die höhenverstellbare Küche mit Miniliftsystemen ausgestattet sein, die Schränke bei Bedarf nach unten fahren, den Herd nach oben. Und warum gibt es nicht schon längst einen Kühlschrank mit einem System ähnlich einem Paternoster, bei dem ich mir die Inhalte des Kühlschranks auch ohne mich zu bücken herausholen kann?

Meine Prognose für den nächsten großen Hype. IT und Technologien, die das Leben im Alter nicht nur unterstützen, sondern auch angenehm, bequem und spannend machen. Fernseher, die auf Sprache reagieren, Assistenzsysteme, die Licht an- und ausschalten, die Rolläden schließen und öffnen, aber auch z.B. ab einer bestimmten Uhrzeit die Haustüre automatisch abschließen. Fahrzeuge, die eine Rundumassistenz für den Fahrer bieten, von Geschwindigkeitskontrolle über Spurkontrolle bis hin zu teilautonomem Fahren und automatischem Einparken.

Ein weiteres mögliches Geschäftsmodell: Der Komplettumbau eines bestehenden Eigenheims zu einer altersgerechten Bleibe mit entsprechender Automatisierung und Unterstützung.

Technik fürs Alter muss nicht langweilig und dröge sein. Besser gesagt, gerade hier gibt es einen großen Wachstumsmarkt, und wer hier die Nase vorn hat, wird auch die Marktführerschaft innehaben.

Noch leben die Hersteller in einem Markt, der von Jugendwahn geprägt wird. Aber wer zuerst begreift, welch ungeschöpftes verborgenes Marktpotential in der Generation 50+ ruht, der wird auch in Zukunft große Gewinne machen. Verabschieden wir uns doch endlich von der Illusion, nur die Digital Natives wären technophil und neuem aufgeschlossen. Das hat schon Prof. Kruse auf der re:publica 2010 so schön umbenannt von Digital Natives zu Digital Residents. Es gibt in allen Altersklassen technophile und technophobe Menschen. Aber nur in der Altersklasse der angeblichen Digital Natives werden die Gadgets angesiedelt. Dabei steckt gerade in der reiferen Generation, die bei weitem abgesicherter und in Teilen auch finanzkräftiger als die Jugend da steht, noch ungeheures Potential. Aber nur dann, wenn man auch attraktive Produkte anbietet. Und nicht Telefone die aussehen, als wäre der Nutzer nicht nur alt sondern auch zu dumm, mehr als die Zahlentasten zu benutzen.

Das Ende der Kulturkritik: Die Beliebigkeit des Web 2.0

Eine Meinung ist eine Meinung ist eine Meinung. Nicht weniger, aber auch nicht mehr. Als sich die Verbreitungskanäle für Kulturkritik auf Zeitung, Radio und TV beschränkten und es einige wenige "Kulturkritiker" gab, deren Meinung man folgen konnte oder nicht, die aber auch eine dezidierte Meinung unterfüttert durch ein nachgewiesenes Hintergrundwissen und ein Talent für gute Schreibe hatten, haben Kritiken nicht nur Spaß gemacht, sondern auch noch einen gewissen Wert gehabt.

Aber durch die Möglichkeiten des Web 2.0 gefördert, kann sich heute jeder als Kulturkritiker aufspielen und Filme, Bücher, Spiele zerreißen oder in den Himmel loben. Das an sich wäre ja nicht negativ. Nur verschwimmt zusehends die Wertigkeit einer Kritik durch die Vielfältigkeit und damit Beliebigkeit. Wer mir nicht glauben mag, soll nur einmal versuchen, zu irgendeinem Mainstreamfilm oder Buch eine Pro Meinung im Netz zu finden und gleichzeitig eine Contra Meinung. Er wird fast immer Erfolg haben. Auch die Wertungen bei Amazon werden immer belangloser, weil sie oft, speziell bei Technik oder anspruchsvoller Literatur bzw. Genrefilmen weniger von fundiertem Wissen über Filme, Inhalte und Qualitätskriterien zeugen, sondern von Unverständnis, sich nicht auf etwas schwieriges, intellektuell anspruchsvolles einlassen wollen geprägt sind.

Gerade was Buchkritiken angeht beginne ich wieder , die Offline bzw. Einwegmedien wie die oft eigenwilligen ab er von einer klaren Linie gekennzeichneten Kritiken eines Denis Scheck oder das Feuilleton von ZEIT oder Süddeutscher schätzen zu lernen.

Denn der platte Massengeschmack kommt offensichtlich im Netz sehr gut an. Aber was etwas mehr intellektuelles Engagement fordert, das kippt oft hintenüber. Schön dabei nur, das landet dann oft bei Restpostenversendern wie zweitausendeins, Weltbild oder Joker. Da bekam ich schon manchen schönen Klassiker, manchen philosophischen Sammelband oder auch manch Gesamtwerk eines bedeutenden Autors für weniger als ein Drittel des Neupreises. Dank insofern dennoch an den Mainstream.

Nur leider ist das nicht gerade förderlich für etwas anspruchsvollere Literatur, Kunst oder auch Musik.

Gefällig ist der Massengeschmack. Dass dieser nicht unbedingt auch Qualität bedeutet zeigt uns nicht nur durch ihren Künstlernamen Lady Gaga. Oder auch Literatur wie die "Biss" Reihe... Da bekommt für mich der Wortteil Grauen im

Buchtitel "Biss zum Morgen-Grauen" eine ganz tiefe wenn auch sicher nicht vom Autor gewünschte Bedeutung.

Wie demotiviere ich Mitarbeiter? Zehn nicht ganz ernst gemeinte Tipps zur erfolgreichen Demotivation.

Oft wird diskutiert, wie man die Motivation der Mitarbeiter steigert. Aber selten wird gefragt, warum Mitarbeiter demotiviert sind, warum mittlerweile mehr als die Hälfte nur noch[14] *Dienst nach Vorschrift* macht und sich dem Unternehmen nicht mehr verbunden fühlt. Aus vielen Artikeln, aber auch einfach aus der Verkehrung ins Negative habe ich hier ein paar Punkte zusammengestellt, mit denen Sie garantiert und hoch effizient jeden Mitarbeiter demotivieren.
Und damit keine Missverständnisse entstehen: IRONIE AN! BITTE NICHT ernst nehmen.
Ich habe schon oft festgestellt, dass das ironische Verkehren ins Gegenteil Defizite besser vor Augen führt als gute und ernst gemeinte Tipps. Also:

1) Ändern Sie permanent die Vorgehensmodelle

Nichts ist langweiliger, als nach einer vorgegebenen Methodik zu arbeiten, die auch längerfristig gilt. Werfen Sie neue Begrifflichkeiten in den Raum, lassen Sie möglichst jährlich ihr Vorgehen von Externen überprüfen und ändern dann alles.

2) Loben Sie nicht

Im Schwäbischen heißt es "Ned gschumpfa isch gnug globt". Warum sollten Sie loben? Sie bezahlen ja für die Arbeit, das muss reichen!

3) Informieren Sie nicht über Ziele und Strategie des Unternehmens

---

[14] http://www.business-wissen.de/mitarbeiterfuehrung/engagement-index-2010-vorgesetzte-sind-schuld-an-demotivierten-mitarbeitern/

Welche Ziele Sie in ihrem Unternehmen haben, hat die Mitarbeiter nix anzugehen. Die sollen arbeiten und nicht denken.

4) Misstrauen Sie Ihren Mitarbeitern

Mitarbeiter sind alle böse. Sie stehlen, sind faul und sie arbeiten nicht genug. Führen Sie möglichst genaue Kontrollen ein, am besten täglich oder zumindest wöchentlich muss jeder seinem Vorgesetzten genauestens berichten, was er wann wie getan hat. Social Media? Teufelszeug, die sollen sich nicht vernetzen, die sollen was schaffen.

5) Mitarbeiter sind faul

Siehe oben. Mitarbeiter wollen ja gar nicht arbeiten, also muss man sie möglichst überwachen und so viel Druck erzeugen, dass sie gar keine Ruhe haben. Internet? Sperren, das ist doch eh nur Spielzeug.

6) Mitarbeiter sind dumm

Alles erklären, wie einem kleinen Kind. Und nicht voraussetzen oder gar fordern, dass selbst gedacht oder eigene Initiative ergriffen wird.

7) Mitarbeiter sind nur ein Kostenfaktor

Ja, diese bösen Mitarbeiter wollen auch noch ein Gehalt für ihre Arbeit. Und gelegentlich sogar mehr. Dabei (Achtung, böseste Zynik!) stehen doch draußen hunderte, die nur auf den Posten warten.

8) Arbeit darf keinen Spaß machen

Spaß? Bei der Arbeit? Dafür ist die Freizeit gedacht! Arbeit muss wehtun, lachen bei der Arbeit, wo denken sie hin. Ein angenehmes Ambiente? Kostet doch nur Geld! Die sollen gefälligst ausstechen für die Gespräche miteinander.

9) Wer noch Freiräume hat, arbeitet nicht genug

110 % ist das Minimum, wer nicht dauernd Überstunden macht und rund um die Uhr am Arbeitsplatz sitzt, ist einfach nur faul und kostet Geld. Pausen sind was für Weicheier. Nur Druck und Stress treiben an. Intrinsische Motivation ist was esoterisches. Zuckerbrot und Peitsche, das ist das einzige, das wirkt.

10) Erzeugen Sie höchstmögliche Unsicherheit
Nur wer Angst hat, arbeitet gut. Angst um den Arbeitsplatz, Angst vorm Chef, Angst vor der Zukunft. Die Angst spornt an.

Die Schule als Lernbüro. Warum wir ganz andere Modelle brauchen.

Im vorigen Abschnitt habe ich ja über die größten 10 Demotivationsmöglichkeiten geschrieben. Dabei fiel mir eines auf. Viele dieser Punkte konnte ich direkt aus meiner Erinnerung auch auf meine Erfahrung und die meiner damaligen Klassenkameraden mit der Institution Schule anwenden.

Letztlich war das ein Ort, in dem man unreflektiert Informationen an den Kopf geworfen bekam, nach dem Motto: Erinnere dich oder fall durch! Es wurde aber weder vermittelt, wofür im eigenen Leben diese Informationen nützlich sind, noch wurde hinterfragt, ob man nur auswendig lernte oder auch verstand. Letztlich war und ist auch heute oft das Ziel des Schülers, die Informationen bis zur nächsten Klassenarbeit, in der sie abgefragt werden, zu memorieren, um sie danach möglichst schnell wieder zu vergessen (bewusst oder einfach, weil keine alltägliche Anwendung dafür da ist).

Ich plädiere deshalb für einen anderen Ansatz. Wir sollten das Konzept des Büros auf die Schule anwenden. Keinerlei Frontalunterricht mehr (dieser wird ja bereits abgeschafft), sondern Lernprojekte. Die Schule muss wieder zum Lernort für

Schüler werden. Hierfür müssen aber auch neue Medien und Technologien, wie sie im Büro zur Verfügung stehen, und eine Offenheit UND Kompetenz im Umgang mit ihnen vorhanden sein.

Kein Computer, kein Internet ersetzt die Reflektion mit dem Lerninhalt, die Auseinandersetzung zum Beispiel im Rahmen eines Projekts. Wenn wir unsere Kinder wirklich bilden wollen, dann sollten wir endlich bereit sein, sie auch als intelligente, lernwillige Wesen zu sehen. Im Rahmen der Berufsorientierung bei mir im Unternehmen betreue ich immer wieder Schüler aus Realschule und Gymnasium. Dabei stelle ich immer wieder fest, dass das Interesse sehr einfach zu wecken ist, wenn man den Alltag, das Leben der Schüler mit einbezieht und sie nicht nur rezipieren sondern auch direkt umsetzen lässt. Mit großer Freude erlebe ich immer wieder, wie Schüler sich an das Zusammenbauen eines PCs machen, selbständig ein Betriebssystem
(natürlich Linux) installieren und im Laufe dieses Prozesses oft auf überraschende und hochintelligente Fragen kommen. Und da für mich die Betreuung nicht mit dem Ende des Berufsorientierungstages aufhört, erhalten sie zumeist auch meine internetbasierten Kontaktdaten. Über diesen Weg erfahre ich dann später oft, dass die im Betrieb vorgestellten Themen auch privat noch von Nutzen waren. Warum stellen wir uns die Schule nicht als Büro vor? Jeder Schüler ist "Mitarbeiter" mit dem Ziel, den Jahrgang auf ein gewisses Wissensniveau zu heben. Die Lehrer sind quasi die Projektleiter, Coaches und für die schwächeren Schüler durchaus auch mal der Nachhilfelehrer, ab er nicht mehr der unter Dauerstress stehende Vortragende, dem die Schüler mehr oder minder aufmerksam lauschen. Durch den Umgang mit Büchern und dem Internet, durch die Arbeit an Projekten zur Beantwortung physikalischer, chemischer oder biologischer Fragestellungen und durch Präsentation der gewonnenen Erkenntnisse lernen die Schüler "quasi nebenbei" während des Arbeitsprozesses.

Die neuen Ganztagsschulen bieten hier schon den zeitlichen Rahmen. Aber natürlich müssen wir uns auch im Klaren sein, dass wir nur indem wir auch Geld in die Hand nehmen, in dem wir in die Weiterbildung der Lehrerinnen und Lehrer und auch in ihre (nicht nur mediale) Ausrüstung investieren, es auch zu einer

Verbesserung der Gesamtsituation führen wird. Wenn in Schulen immer noch mit Filmprojektoren gearbeitet werden muss, wenn Internet und neue Medien immer noch als Teufelswerk abgetan werden, dann werden wir früher oder später den (Bildungs-) Anschluss ganz verlieren. Wir müssen Bildung neu denken. Oder eigentlich wieder ganz alt. Wir müssen Schülerinnen und Schüler wieder für das Leben vorbereiten. Und dazu reicht es nicht, wenn sie das Auswendiglernen lernen. Dazu müssen der Umgang mit Informationen, ihre Filterung, ihre Bewertung und die Umsetzung in den konkreten Alltag der Schülerinnen und Schüler im Fokus stehen.

Durch das selbständige Handeln der Schüler wird vor allem auch der Lern- und Versagensdruck genommen und ganz nebenbei die Teamarbeit, der faire Umgang auch mit Schwächeren und Fragestellungen wie Ethik und Moral erlernt. So und nur so lässt sich die intrinsische Lernmotivation fördern. Extrinsische Motivation funktioniert schon im Berufsleben mehr schlecht als recht. Warum glauben wir dann noch ernsthaft, dass wir Lust am Lernen, Lust an Bildung durch extrinsische Motivation fördern, oder direkter gesagt, durch Angst vor schlechten Noten, Angst vor Versagen?

Über die Intoleranz der Norm und viele kleine Sarrazins

Es gibt sie, sie sind unter uns. Menschen, die nicht der Norm entsprechen. Sie sind zu groß, zu klein, Linkshänder, behindert, mögen die falsche Musik, haben die falschen Freizeitbeschäftigungen oder die falsche Bildung. Oder sie sind gar, Gott bewahre, intelligenter als die Norm, womöglich haben sie einen IQ jenseits der 130 und gelten somit als hochbegabt! Kurz: Sie entsprechen nicht der Norm. Der gute, brave, der Politik und den Medien glaubende Normbürger verabscheut sie. Das zeigt sich immer wieder, vor kurzem erst sehr deutlich und hässlich durch den Erfolg des Machwerks von Thilo Sarrazin.

Aber womit hat der Normbürger denn eigentlich ein Problem? Warum werden all jene zumindest schief angesehen, die nicht die Interessen des Durchschnitts haben. Warum werden Kinder von ihren Klassenkameraden geschnitten, die nicht so fußballbegeistert sind, die nicht rauchen wollen oder nicht mitmachen bei den dummen Mobbingspielchen gegen Mitschülerinnen, die nicht dieselbe blasse Nordeuropäerhaut haben wie sie selbst? Man mag viele Gründe anbringen. Für mich gelten vor allem zwei: Dummheit und Angst. Dummheit insofern, dass offensichtlich das nötige geistige Potential fehlt, sich mit etwas zu befassen, das nicht sofort ins eigene Weltbild passt. Daraus resultieren solche Dinge wie Intoleranz, Rassismus und Vorurteile. Und Angst. Angst davor, selbst nicht mehr der Norm zu entsprechen, selbst aufzufallen.

Denn wer anders ist als der Durchschnitt, der hat zu kämpfen. Er wird oft abgelehnt oder zumindest belächelt. Ich hatte es noch einfach, denn ich bin nur zu groß und Linkshänder. (Ok, ich mag auch kein Fußball, keine bierseeligen Männerrunden, in denen von Autos oder Fußball gesprochen wird und schätze eher ein gutes Buch, klassische Musik und ein Glas Rotwein, bin also in den Augen meiner normgerechten Geschlechtsgenossen ein arroganter Schnösel). Kommt ab er noch ein etwas fremdartiges Aussehen dazu, oder eine Behinderung, dann werden solche Menschen schnell gemobbt, da der denkfaule Durchschnittsbürger sie als etwas seltsames wahrnimmt, das nicht in sein beschränktes Weltbild passt.

Letztlich aber wäre unsere Welt extrem viel ärmer, würden alle Außenseiter, alle besonderen Menschen verschwinden. Wo wären dann die Künstler, die kreativen, die hochbegabten Menschen? Nicht erst seit dem Fall des Herrn zu Guttenberg - der von anderen gestohlen hat und vom ignoranten Durchschnittsbürger dennoch geliebt wird - ist mir klar, dass man sich als Nichtnormmenschen oft besser bedeckt hält und seine"Andersartigkeit" versteckt. Ich bin ein Gadgetfreak, aber ich verwende mittlerweile wieder Papier (zumindest scheinbar), weil ich mit digitalen Notizen eher angeeckt bin und belächelt wurde. Ich lese offiziell langsam, weil meine Fähigkeit zum Schnelllesen schon in der Schule bei den Lehrern auf Unverständnis stieß.

Ich höre meine Musik zu Hause oder über den MP3 Player, spare mir mittlerweile Feste, auf denen es mehr ums Saufen und Männerrituale geht und genieße lieber gelegentliche Treffen mit Freunden, bei denen gute Gespräche und angenehme Gesellschaft wichtiger sind als Imponiergehabe und geballte Intoleranz.

Aber all das sind die kleinen Probleme eines Erwachsenen. Viel schlimmer finde ich die täglichen Mobbereien der Kinder gegen ihre Altersgenossen, die eben nicht wie "alle anderen" auf den Fußballplatz wollen, die es nicht in Ordnung finden, Schwächere zu mobben oder zu verprügeln, die weder Alkohol noch Autos cool finden.

Wenn ein Kind nicht in die meist dröge und dumme Norm passt, ist es sehr schnell Mobbingopfer. Aber das kann man nicht dem Kind vorwerfen, denn meist stehen hinter einem intoleranten Kind intolerante Eltern. Wir sollten wieder begreifen, dass eine Gesellschaft erst dann vielfältig, zukunftsorientiert und positiv sein kann, wenn Toleranz herrscht. Wer glaubt, dass alle Behinderten dumm und alle Ausländer faul sind, der braucht sich nicht zu wundern, wenn er irgendwann in einer Gesellschaft lebt, die von Intoleranz und Neid zerfressen wird.

Als Außenseiter muss man stets auf der Hut sein, in unserer Gesellschaft nicht aufzufallen, denn nicht nur die EU besteht immer mehr auf Normen. Auch für den Durchschnittsbürger ist alles, was von der ihm bekannten Norm abweicht, erst mal fremd und gefährlich.

Was ist das für eine Gesellschaft, in der es einem bereits zum Nachteil gereicht, wenn man hochbegabt ist, wenn Schulen alle Schüler über einen Normierungskamm scheren? Talente ragen heraus, sind nicht durch normierte Methoden erfassbar. Wir machen die Besonderen, die Talentierten in den normierten Schulen und in der normierten Gesellschaft zu Außenseitern, wir vernichten Talente und damit Chancen!

Wir lassen Behinderte oft nicht am normalen Leben teilhaben, dabei sind wir eine technologisch so fortschrittliche Gesellschaft, die es nahezu jedem Menschen mit einer Behinderung möglich macht, völlig normal am Alltag teilzuhaben. Aber Technik bedingt nicht, dass auch die Gesellschaft bereit ist.

Solange der Normbürger noch eher an die Esoterik glaubt und Wissenschaft und Bildung nur dann akzeptiert, wenn sie ins eigene beschränkte Weltbild passen, so lange werden wir stets das Andersartige verdammen. Wer immer noch an Wundermittel und Parawissenschaften glaubt, wer dem Esoteriker mehr vertraut als dem Wissenschaftler, der bekommt die dumme Gesellschaft, die er verdient.

Wie heißt es so schön: Die Intelligenz auf unserem Planeten ist eine Konstante. Die Bevölkerung wächst.

Demokratie lebt von der Mehrheitsmeinung, aber eben auch davon, dass auch Minderheiten das demokratische Recht zur Teilhabe an der Gesellschaft haben. Nur im Alltag, da wird das oft schwer gemacht. Auch darum wandert Wissen, wandern Talente immer mehr ins Ausland ab. Wer daheim Knüppel zwischen die Beine geworfen bekommt, im Ausland aber mit offenen und toleranten Armen empfangen wird, der wendet sich irgendwann leichten Herzens ab. Was dann im eigenen Land übrig bleibt? Nun, jeder möge sich das selbst ausmalen. Ein Hinweis vielleicht. Es sind nicht diejenigen, die Goethe, Schiller oder auch Heine lesen, nicht die Abonnenten von ZEIT, Süddeutscher oder Spektrum der Wissenschaft. Eher diejenigen, die BILD und Sarrazin lesen.

Und zum Schluss noch ein schönes Zitat von Schiller, damit man mich auch wieder einen Bildungsschnösel nennen kann:

Was ist die Mehrheit? Mehrheit ist der Unsinn.
Verstand ist stets bei wenigen nur gewesen.
Bekümmert sich ums Ganze, wer nichts hat?
Hat der Bettler eine Freiheit, eine Wahl?
Er muß dem Mächtigen, der ihn bezahlt,
um Brot und Stiefel seine Stimm' verkaufen.
Man soll die Stimmen wägen und nicht zählen.

Der Staat muß untergehn, früh oder spät,
wo Mehrheit siegt und Unverstand entscheidet. (Sapieha)

Friedrich von Schiller

Von Lesebefehlen, Gutmenschendünkel und der Qualität von Twitter

Oh wie schnell kamen sie aus ihren Höhlen gekrochen. Diejenigen, die scheinbar dauernd mit erhobenem Zeigefinger durch die Welt laufen. Die immer an allem etwas auszusetzen haben. Als das Beben in Japan begann und auch von einem Tsunami die Rede war, ging ich sofort auf Twitter, um Informationen aus verschiedenen Quellen und aus erster Hand zu erhalten und auch weiterzugeben. Aber ach wie schnell waren jene da, die gleich Sensationslust unterstellten. Die nur Schlechtes bei denjenigen vermuten, die sich informieren wollen.
Klar, ich kann wegschauen, kann mir sagen, ist ja Japan, geht mich ja nichts an. Aber beklagen wir uns nicht dauernd gleichzeitig, dass wir wegsehen, wenn zum Beispiel in Afrika Menschen für ihre Rechte aufstehen?

Ich vertraue mittlerweile Twitter und den sozialen Medien mehr, wenn es um aktuelle Informationen geht, einfach weil sie schneller sind, mehr Quellen verfügbar sind und gerade bei plötzlichen Ereignissen hilfreiche Informationen an die Beteiligten streuen.

Auch vor Twitter und Facebook haben wir uns schon vor den Fernseher gesetzt und fassungslos Unglücken zugesehen. Der Unterschied? Wir waren an wenige Quellen gebunden. Jetzt können wir selbst zur Verbreitung von Informationen beitragen, können uns aktiv informieren. Oder halt über andere meckern, und bei jedem gleich nur Schlimmes vermuten.

Wir sollten uns vielleicht manchmal einfach das Gutmenschendenken schenken. Wer nicht über die Ereignisse in Japan informiert sein möchte, soll einfach die Medien nicht anschalten oder von mir aus mir nicht mehr zuhören. Ich will wissen, was in Japan passiert. Zumal es direkte Auswirkungen auf die gesamte Welt haben kann.

Und nein, ich werde weder den polemisierenden AKW Befürwortern noch den AKW Gegnern im Moment folgen. Aber im Gegensatz zu Lesebefehlern und Gutmenschen will ich informiert sein. So objektiv wie möglich. Wer das Prinzip von Twitter noch nicht begriffen hat, kann das nicht verstehen. Und offensichtlich sind das sehr viele. Nur frage ich mich, was die dann überhaupt auf Twitter verloren haben.

Was unsere Gadgets mit Fukushima zu tun haben

Seit den entsetzlichen Bildern geht mir ein Fakt nicht mehr aus dem Kopf. Wie weit ist Japan wirklich von uns entfernt? Wie viel Anteil haben wir an den Ereignissen?
Direkt möglicherweise recht wenig. Vielleicht ist Technologie in Fukushima verbaut, die von deutschen Ingenieuren bzw. Firmen stammt.

Aber es gibt auch noch den mittelbaren Anteil. Den, der sich durch unsere Lebensweise definiert. Wir werden immer mehr technologisiert. Gadgets durchziehen unseren Alltag. Und auch die Geschwindigkeit, mit der ein Gadget das andere ablöst, beschleunigt sich immer mehr. Wir leben mobil, wollen viel reisen und auch im Zielland auf unseren westlichen Lebensstil inklusive allen technologischen Komforts nicht verzichten.

Das hat wenig mit Nachhaltigkeit zu tun. Viele derjenigen, die sich für nachhaltig halten, die ökologisch vernünftig leben wollen, kaufen dennoch Biogemüse, das

um die halbe Welt gekarrt wurde. Oder sie pendeln jeden Tag von ihrem Niedrigenergiehaus auf dem Land 50 km und mehr in die Stadt.
Aber auch diejenigen, die in der Stadt leben, leben deshalb nicht vernünftiger. Wie viele Autos sind eigentlich viel zu groß für den Bedarf des Stadtbewohners? Wer kann mir erklären, wofür ich in einer Großstadt ein SUV brauche? Selbst jetzt sind die Schlaglöcher nicht so tief, dass man sie nur mit einem Geländewagen überwinden könnte.

Es ist sehr einfach, den Energiehunger der Welt zu beklagen. Aber wer ist schon so ehrlich, bei sich selbst anzufangen. Denn jedes Produkt, jeder Konsum geht einher mit Energieverbrauch. Und je mehr Luxus der Westen fordert, umso geringer ist die Chance, alleine mit erneuerbaren Energien kurzfristig die Atomkraft abzulösen.

Wir alle rufen laut nach dem Ende der Atomkraft. Aber der Lebensstil vieler Menschen sagt etwas anderes. Und auch der politische Wille ist beschränkt.
Da tut die Bundesregierung so, als stelle sie alles auf den Prüfstand. Dabei weiß sie genau, in ein paar Monaten sind jedem die Kosten fürs Benzin und die Altersabsicherung, der Erhalt des eigenen Luxuslebens wieder wichtiger als die Hilfe für arbeitssuchende Hartz IV Empfänger oder die Generation unserer Kinder, die mit unseren auch atomenergierelevanten Versäumnissen leben muss.

Sicher, wir brauchen eine Energiepolitik ohne Atomstrom.
Aber wir brauchen auch einen Lebensstil, der energieeffizienter ist und nachhaltiger. Und dazu gehört es auch, den Sinn des nächsten neuen Gadgets zu hinterfragen. Denn sicherlich ist ein Tablet PC eine tolle Sache oder das nächste, noch bessere Smartphone. Aber brauche ich es, oder will ich es? Ich weiß wovon ich rede, auch ich gestehe, ich bin ein Gadgetfreak, der immer das neueste Gadget gerne hätte. Aber im Moment ist mir irgendwie die Neugier vergangen. Wenn ich nach Japan blicke, werden die neuesten Meldungen zu Device XY ziemlich irrelevant.

Vom moralischen Handeln und der Wirtschaftswelt

Eine kleine Revolution fand statt in Baden-Württemberg, aber was steckt dahinter, dass plötzlich die Grünen zur zweitstärksten Kraft im Ländle wurden?

Ich denke, ein Schlüsselwort ist Moral. Wir alle wollen im Alltag im Einklang mit unseren Werten und unseren ethischen Normen handeln. Sicher, wir haben auch unsere Egoismen, aber letztlich wünscht sich jeder ein gerechtes und moralisch einwandfreies Handeln.

Und das ist meiner Ansicht nach, was im Moment auf allen Ebenen und in allen Institutionen als unvollkommen angesehen wird. Eine Regierung, die zunächst für Atomkraft ist, und plötzlich ein Moratorium einsetzt, weil die Bevölkerung sich über einen Supergau im fernen Japan sorgt, muss sich schon fragen lassen, hat sie zuvor ethisch vertretbar gehandelt, wenn jetzt doch noch mal eine Prüfung notwendig zu sein scheint? Wenn jetzt plötzlich sieben Kraftwerke abgeschaltet werden können, ohne dass es in Deutschland zu flächendeckenden Stromausfällen kommt.

Aber auch die Wirtschaft muss sich ethisch neu positionieren. Nicht nur, weil die Laufzeitverlängerung der AKWs den großen Konzernen fette Gewinne ihrer bereits abgeschriebenen Meiler einbringt.

Auch hier hat das Wahlergebnis gezeigt: Das reine Wirtschaftsdenken, wie es in Baden-Württemberg unter Schwarz-Gelb vorherrschte (Hauptsache, die Arbeitsplätze sind sicher und der Wirtschaft geht es gut), weicht einer umfassenderen Betrachtung, in die auch einfließt, dass die Wirtschaft zwar gefördert aber nicht gefordert wird. Wer sich beklagt, dass die jungen Auszubildenden immer schlechter vorbereitet in die Ausbildung starten, der muss sich auch fragen lassen, was er von einem Bildungssystem erwartet, das immer mehr totgespart wird und dessen Ansehen in der Gesellschaft immer weiter sinkt.

Und wenn wir uns über eine Verrohung der Sitten beklagen, dann sollten wir uns auch fragen, wo lernen die jungen Leute das denn? Ist es nicht so, dass gerade die nicht für die Wirtschaft direkt wichtigen Fächer immer mehr ins Abseits gedrängt werden? Bildung liefert auch ethische und moralische Grundwerte. Und das darf, gerade nach den unsäglichen Geschehnissen in der katholischen Kirche, nicht alleine dem Religionsunterricht vorbehalten bleiben, der ja definitiv selbst mit moralischen Verfehlungen fertig werden muss.

Wir müssen den Fokus in der gesamten Gesellschaft wieder mehr auf eine Symbiose von Ethik, Moral und wirtschaftlichen Erfolg richten, anstelle alles nur noch dem Profit und Shareholder Value unterzuordnen.

Und das sehe ich als einen weiteren Marktvorteil und positiven Aspekt in der Diskussion um einen "War for Talents". Auch an ihren ethischen Werten müssen sich Arbeitgeber immer mehr messen lassen. Wie vereinbar sind Familie und Beruf? Wie wichtig wird eine gesunde Balance zwischen beruflichen Aufgaben und Privatleben gesehen? Wie sind die Umgangsformen im täglichen Miteinander? Wird nur (Termin-) Druck ausgeübt oder haben Mitarbeiter auch Freiräume zum Durchatmen? Gerade in einer Zeit in der die kreativen, schaffenden Wissensarbeiter immer wichtiger werden, müssen die Firmen den Fokus deutlich mehr auf solche "weichen" Faktoren richten. Gerade Wissensarbeit gedeiht nur dann gut, wenn auch das Umfeld stimmt.

Betriebsräte und Social Media, zwei Welten treffen aufeinander

"[15]Enterprise 2.0 : Wie man IT und Betriebsrat gewinnt", titelt ibusiness. Da würde ich gegen halten. Im Moment so gut wie gar nicht. Vielen Betriebsräten ist das ganze Konzept von Social Media wider Erwarten sehr fremd. Es geht um Teilen, um Infoaustausch jenseits von Rollen und Titeln. Aber gerade damit haben viele

---

[15] http://www.ibusiness.de/aktuell/db/202796mah.html?showkey=8bc7d0df68f187360c8e44ff17aaec72

Betriebsräte offensichtlich Schwierigkeiten. Was, wenn der Mitarbeiter A in sein Profil Skills stellt, die ihn zum Keyplayer machen? Was passiert dann mit den Mitarbeitern C-X ? Und wer bestimmt, was der Mitarbeiter denn überhaupt online stellen darf? Ähnlich mancher Führungsebene haben oft auch Betriebsräte echte Probleme mit dem Konzept der Selbstverantwortung. Wie oft habe ich den für mich geradezu irrsinnigen Spruch gehört: "Wir müssen die Mitarbeiter vor sich selbst schützen". Da sage ich nur: Wie bitte? Jetzt bestimmen andere darüber, was ich von mir preisgebe, wie ich mich beruflich vermarkte? Dabei geht es dem Betriebsrat doch schon längst ähnlich wie den gesamten Managementbereichen. Wenn es verboten oder kontrolliert wird, geschieht es halt außerhalb der Firma, oder zumindest via Smartphone außerhalb der Firmen-IT.

Viele Mitarbeiter, die soziale Netzwerke auch für die Arbeit nutzen, haben längst erkannt, dass sie dadurch effektiver an relevante Informationen kommen, schneller Hilfe finden und sich schlichtweg einfacher und besser vernetzen können.

Anstatt sich gegen die neuen Techniken mangels Wissen aufzulehnen und sie generell abzulehnen, ist es längst an der Zeit, neben den Gefahren auch die großen Nutzerpotentiale zu finden. Gerade Betriebsräte sollten wissen, dass Vernetzung das A und O ist. Entweder sie agieren zusammen mit Firmenleitung und Mitarbeitern mit einer positiven Grundhaltung, oder sie werden immer mehr abgehängt.

Aussagen wie die der Gewerkschaft Verdi zu Urheberrecht und Datenschutz haben zeigen, dass es noch viel Aufklärungsarbeit bedarf, bis auch die Betriebsräte die Potentiale sozialer Netzwerke erkennen.

Wir sollten uns mehr darauf fokussieren, die Gefahren zu minimieren, anstelle eine ganze Technologie abzulehnen.

Vielleicht ist es aber auch die Grundsorge vor dem Kontrollverlust. Wenn der Mitarbeiter plötzlich selbst bestimmt, wie er im Internet agiert, wie er sich präsentiert und wie er das Netz nutzt, dann braucht er die Kontrollinstanz dort ja nicht mehr, oder viel schlimmer, er organisiert und informiert sich an den per definitionem gesetzten "Fachleuten" vorbei. So verlieren die Kopfmonopole ihre

Bedeutung. Und das kann mehr schmerzen als jeglicher anderer Verlust an Einfluss.

Man sieht, auch hier ist es weniger eine Frage der Technologie als vielmehr ein Kulturwandel der Institutionen, der durch Social Networking bedingt wird. Die Technik ist nur Mittel zum Zweck. Aber eine Kultur des Tauschs, des "Sharing" muss sich etablieren, damit die Technik auch genutzt wird. Starre Hierarchien und gestriges bürokratisches Denken machen Social Media Initiativen schon im Ansatz kaputt. Nur wenn "Social Media" auch gelebt UND erlaubt wird, kann sich die Kultur etablieren und zu einem Gewinn für beide Seiten führen.

Die selbstverliebte IT Crowd

Ich nutze Linux, aber auch Windows. Ich mag zwar keine Apple Produkte, rate aber durchaus manchen dazu, die daraus Nutzen ziehen können.

Was uns als Technophilen, Softwareentwicklern, Informatikern oder generell als mit IT Großgewordenen und von der IT Ernährten fehlt, ist das Verständnis dafür, dass "denen da draußen" unsere ganzen Technikdispute, ob nun Windows oder Mac, ubuntu oder Debian besser ist, herzlich egal sind. Genauso wie es mich überhaupt nicht interessiert, welche Hardware in dem Flatscreen TV steckt, genauso wie ich nicht wissen will, wie der Motor unseres Familienvans genau aufgebaut ist, so interessiert sich die große Mehrheit der Bevölkerung weder für unsere philosophischen Grabenkämpfe ob des besten Betriebssystems oder für unser Kopfschütteln ob des Desinteresses an Facebook, Chat oder Twitter.

Wir sollten uns stets bewusst sein, der große Teil des Weltgeschehens könnte auch ganz gut weiterlaufen, wenn wir alle anstelle von Windows mit Mac oder Linux arbeiten würden.

Gute Technik muss funktionieren. Mehr will der Kunde gar nicht wissen, und mehr sollte auch gar kein Thema sein. Auch für unsere Themen gilt, relax, locker bleiben, einfach leben und leben lassen. Wer Windows User öffentlich als dumm beschimpft, wer jedem versucht klar zu machen, warum er ein IPad braucht oder nicht braucht, der hat übersehen, dass es wahrlich wichtigere Themen im Alltag gibt. Wenn mein Windows PC das tut, wofür ich ihn brauche: Gut. Wenn das auch ein Linux oder MAC Rechner kann, so what? Wir mögen uns trefflich darüber streiten. Den Durchschnittsnutzer interessiert nur: Kann ich es bedienen, kann ich es mir leisten, funktioniert alles. Nicht weniger, ABER auch nicht mehr.

Was motiviert die Crowd? 5 Punkte, die eine Crowd erfolgreich machen.

Vor einiger Zeit berichtete der Sender 3Sat über "Die Macht der Crowd". Leider wurde hier nur die Motivation der "Crowd" als Ganzes betrachtet. Ich denke aber, es geht vielmehr darum, warum eine Teilnahme durch ein Individuum stattfindet. Das kann nicht alleine durch die Anziehungskraft der Masse erklärt werden. Vielmehr denke ich, es gibt einige wichtige Faktoren, die dazu beitragen, ob ein Crowdprojekt interessant wird, oder warum es verschwindet:

1) Das Thema
Es muss sich um etwas handeln, das auch viele Menschen anspricht: Die Hilfe in einer Notlage (Haiti), die wertvolle Unterstützung im Kampf gegen Krankheiten (malaria@home) oder den Klimawandel (climateprediction@home)

2) Die Wertschätzung des Einzelnen
Auch wenn ich Teil einer Crowd bin, will ich das Gefühl haben, nicht einfach nur ein unbedeutender Teil einer Masse zu sein. Das kann eine Wertung meiner Teilnahme durch ein Punktesystem sein, verschiedene Auszeichnungen (z. B. das Erreichen eines bestimmten Levels in einem Spiel) oder auch besondere Belohnungen wie bei Kickstarter, wo man ein Produkt sehr früh oder mit

persönlicher Widmung bekommt. Übrigens ist es ein großer Irrtum anzunehmen, nur durch einen monetären Gewinn ließe sich zu einer Teilnahme motivieren. Gerade Crowdprojekte mit einem gewissen ethischen oder wissenschaftlichen Anspruch könnten sogar darunter leiden, wenn der Gewinn des Einzelnen über der Idee der Gemeinschaft stünde, über dem Erreichen des gemeinsamen Ziels.

3) Die "Aufwertung" des Einzelnen
Teilnahme an wichtiger Forschung bedeutet auch, Teil eines bedeutsamen Ganzen zu sein. In einer Zeit, in der viele in ihrer Arbeit gar keine Erfüllung mehr finden, sucht man die Bedeutung in Bereichen, die einem selbst wichtig sind. Zudem ist die Teilnahme an einer bestimmten Crowd auch ein Alleinstellungsmerkmal.
Speziell wissenschaftliche Projekte profitieren von dem Interesse der Crowd, an etwas Wichtigem teilzuhaben oder auch Neues zu erschaffen. So leben Projekte wie Galaxy Zoo oder Einstein@home gerade auch vom Interesse der Crowd an Wissenschaft und an der Suche nach neuen Erkenntnissen und spannenden Antworten auf bislang unbeantwortete wissenschaftliche Fragen.

4) Die Teilnahme muss einfach und auch unterbrechbar sein
Eine Crowd, die mich Zeit kostet und diese Zeit auch regelmäßig einfordert, wird auf Dauer leiden. Nur wenn ich die Teilnahme unterbrechen kann oder noch besser, wenn die Teilnahme still und unauffällig im Hintergrund läuft (Boinc, Seti@home etc.), wird sie auch längerfristig sicher sein.

5) Regelmäßiges spannendes Feedback
Oft reicht es, wenn dabei interessante grafische Darstellungen den Fortschritt visualisieren, man in einem gemeinsamen Ranking besser werden kann oder durch die Teilnahme auch selbst Hilfe erlangt (open-streetmap). Wenn ich still mitarbeite und keine Transparenz über meine Teilhabe existiert, wird die Crowd bald zu transparenteren Projekten abwandern. Einzige Ausnahme: Crowds, bei denen die Teilnahme Teil der
Dienstleistung ist. Die Stauprognosesysteme von TomTom und Navigon basieren auf dem Aspekt des Teilens der eigenen Bewegungsinformationen, um daraus evtl. Staus zu extrapolieren. Hier verschwindet aber die Crowd für den Nutzer, insofern

kann man hier auch von einer "Secret Crowd" sprechen, bei der die Frage der Motivation bereits durch den angebotenen Dienst abgedeckt wird.

Sind junge Informatiker Weicheier? Ich sage NEIN! Aber menschlicher.

"[16]IT-Nachwuchs taugt nicht für Führungsjobs" titelt die Computerwoche und zitiert eine Langzeitstudie der Eligo GmbH.
Angeblich wären die Informatiker eher extrinsisch motiviert durch ein gutes Gehalt und scheuten Macht oder Konflikte.

Das kann sein, ich vermute aber eher, dass die jungen Informatiker einfach die Schnauze voll davon haben, Familie und Freunde für eine unsichere Karriere zu opfern, die weniger auf fachlichem Wissen als auf Küngeleien und Grabenkämpfen zwischen Managern beruht. Könnte es nicht einfach sein, dass die junge Generation erkannt hat, dass das Management der Vergangenheit viele zu opportunistischen Karrieristen gemacht hat, die ihre Freizeit und ihr Familienleben für die Karriere opfern, um dann doch irgendwann durch einen neidischen oder konkurrierenden Managementkollegen rausintrigiert zu werden?

Wir haben doch alle gesehen, wohin uns die bisherigen Managements gebracht haben: In eine große Finanz- und Wirtschaftskrise, die uns alle fast ruiniert hätte. Und da sollen die jungen Hochschulabsolventen bereit sein, gerade so weiterzumachen wie bisher? Schlau sind sie, sage ich, dass sie Familie vor Karriere, soziales Verhalten vor Konkurrenzkampf stellen. Nicht die jungen Informatiker sind das Problem, sondern die alten Betonköpfe in den oberen Etagen, die auf Ihresgleichen warten, obwohl gerade ihr System gnadenlos versagt hat!

---

[16] http://www.computerwoche.de/karriere/hp-young-professional/2369203/

Ich wage zu behaupten, dass wir endlich wieder eine Generation haben, die nicht ein Leben auf Kosten anderer führen will, der soziales Verhalten wieder wichtiger ist als Karriere um jeden Preis. Sie haben schließlich selbst erlebt, welchen Mist die Generation vor ihnen gebaut hat. Selbst die Computerwoche vermutet anderes, als die Studie suggerieren will: "Dazu gehört, dass Macht als Anreiz immer unwichtiger wird. Vor allem junge IT-Frauen legen darauf kaum Wert (33 Prozent), während Familie immer wichtiger wird (64 Prozent). Auch unter IT-Männern rangiert die Familie vor der Macht." Jap, genau, denn die Familie IST wichtiger. Und das eigene Leben, und zwar hier und heute, nicht erst wenn die Karriere abgeschlossen und die Gesundheit ruiniert ist.

Ich merke das bei meinem Arbeitgeber sehr gut. Dank flexibler Arbeitszeitmodelle, Pflegezeit für pflegebedürftige Angehörige und einer zielorientierten Vergütung, die über alle Arbeitnehmer errechnet wird, herrscht bei uns eine hohe Zufriedenheit und eine geringe Fluktuation. Gerade im angeblich kommenden "War for Talents" kann auch so etwas der entscheidende Faktor werden.

Social Media Spionage oder: Netz bööööse, Menschen guuuuuut ? FUD reloaded.

Manchmal wundere ich mich über Artikel in der ZEIT. Meist schätze ich die Wochenzeitung für ihre dezidierte und gut recherchierte journalistische Arbeit, die auch mal konträre Standpunkte präsentiert. Aber im Artikel: "[17]Falsche Freunde" hat man doch gehörig danebengegriffen. Dort wird behauptet, die sozialen Netze eigneten sich hervorragend zur Spionage und Unternehmen sperrten diese Dienste genau aus dieser Angst vor Spionage. Das ist extrem kurzsichtig gedacht.

---

[17] http://www.zeit.de/2011/20/Facebook-Freund

Machen wir doch zunächst mal das technologische Fass auf: Tablets, Netbooks und Smartphones finden immer weitere Verbreitung. Selbst ganz einfache Mobiltelefone besitzen bereits einen Internet Zugang. Wollte ein Unternehmen hier konsequent sein, müsste es jegliche privaten Kommunikationsgeräte am Eingang abnehmen. Und am besten noch Aktentaschen und persönliche Kleidung. Leibesvisitationen wären dann auch angebracht. So bekäme man völlig sichere und "hochmotivierte" Mitarbeiter.

Zum anderen: Was ist mit dem privaten Internetzugang zu Hause? Wird dort dann ein Firmenscanner eingerichtet, damit ja niemand privat dort etwas über die Firma sagt? Was ist mit dem privaten Telefon, was mit der Kneipe? Ich denke, nach ein oder zwei Bierchen oder einem Glas Wein ist manche Zunge gelöster als im Büro, wo man in einem professionellen Umfeld professionell arbeitet.

Es ist doch schlichtweg so: Wer etwas ausspionieren will, der schafft das, wer etwas verraten will, ebenso. Statt zu versuchen, durch immer mehr Kontrolle mehr Sicherheit aber immer weniger Motivation zu produzieren (wer glaubt, er wird überwacht, arbeitet auch nur noch so. Überwachung ist ein idealer Weg, Mitarbeiter zum Dienst nach Vorschrift zu bringen), sollte man sich viel mehr Gedanken machen, wie man die Loyalität der Mitarbeiter sichert.

Wichtiger wäre es, eine Unternehmenskultur zu schaffen, in der sich Mitarbeiter dem Unternehmen verbunden fühlen, in der sie gerne arbeiten und loyal sind. Das hat aber mit weichen Faktoren zu tun, die sich weder mit Geld erkaufen lassen, noch direkt eineRendite abwerfen. Dazu gehören eine wirklich ernst gemeinte Work Life Balance (echte Vereinbarkeit von Familie und Beruf oder für mich lieber noch Work Life Integration) und ein Umfeld, das den Mitarbeitern auch das Gefühl gibt, als Mensch gesehen zu werden, wo sie sich einbringen und etwas Wichtiges leisten können.

Auch eine gute Vergütung ist wichtig, die dem Mitarbeiter eine gewisse finanzielle Sicherheit gibt, denn oft ist auch hier ein Ansatzpunkt. Jemand, der permanent in Angst vor Kündigung und/oder sozialem Abstieg lebt, wird jede scheinbare weitere Absicherung dankend annehmen. Und letztlich, eine Form der Spionage darf auch nicht vergessen werden. Fluktuation. Jeder Mitarbeiter, den ich verliere, nimmt sein Wissen mit und setzt es willentlich oder unbewusst bei seinem neuen Arbeitgeber mit ein.

Tut mir leid, lieber Autor des Artikels in der ZEIT. Mag ja sein, dass auch Social Media für Spionage genutzt werden. Aber daraus ein Bedrohungsszenario zu konstruieren und die Sperren der Konzerne zu rechtfertigen, ist extrem kurzsichtig gedacht. Dann sollte man am besten dieses ganze böse Internet abschaffen.
Und jedem Mitarbeiter den Rat geben "Sprich ja nicht mit fremden Menschen".

Oder in einen Satz zusammengefasst: Man kann Spionage nicht verhindern, aber man kann die Motivation herunterschrauben.

IT darf nicht nach IT riechen, sondern nach Obst

Apple hatte die iCloud angekündigt. Das war nun nichts wirklich Neues. Ich arbeite schon seit Jahren mit Wuala, auch Dropbox nutze ich noch und mache damit Backups, sichere die Systeme der Familie und synchronisiere wichtige Verzeichnisse mit der Cloud. Insofern nichts Neues. Warum aber jetzt dieser Hype um ein eigentlich uraltes Produkt?

Weil Apple, bei aller unlogischer, den Nutzer einschränkender Politik, eines begriffen hat. Wenn der Massenmarkt mit IT überflutet werden soll, dann darf diese IT nicht so riechen. Dann muss die Bedienung so einfach sein, dass wirklich jeder damit umgehen kann. Linux wird so lange nicht Fuß fassen, solange man auch nur irgendwelche Kommandos eingeben muss oder nicht alles mit schönen bunten Bildchen funktioniert.
Geben wir uns keinen Illusionen hin. Der Durchschnittsnutzer eines Smartphones oder eines Computers ist genau dann glücklich, wenn er nur auf ein buntes Bildchen klicken muss, und schwups, schon hat er sein E-Book (Amazon

Whispernet), seine App (Apple Appstore, Android Market) oder seine Musik (iTunes).

Den Durchschnittsuser interessiert es auch nicht wirklich, ob Apple seine Bewegungen überwacht, oder protokolliert, was er kauft. Er wird sich wahrscheinlich kurz aufregen, wenn die Durchschnittspresse einen Artikel über den bösen Apple Tracking Bug bringt, das aber schon bei der nächsten schönen bunten App wieder komplett vergessen.

Erst wenn der gesamte Markt begreift, dass der normale Nutzer keinen Computer und kein Smartphone, sondern das einfache Internet Surfen oder auch den einfachen Buchzugang oder die einfache Spielekonsole (auch wenn man sie eigentlich Smartphone nennt) haben möchte, ist IT im Massenmarkt angekommen. Wer das so einfach wie möglich hinbekommt, gewinnt.

Auch wenn es mich als Linux Geek schmerzt:
1:0 für Apple. Die Zukunft riecht wie Obst. Muss ja nicht gerade ein Apfel sein. Vielleicht riecht sie ja bald nach einem Androiden?

Eltern empört euch, um unsere Kinder zu retten!

Ein Artikel zieht Kreise: "[18]Liebe Marie" von Henning Sußebach hat viele zu Weiterleitungen oder auch Blogbeiträgen bewegt. Auch ich finde, dieser Artikel sollte verteilt werden. Kopiert ihn, verteilt ihn, nehmt ihn mit auf Elternabende.
Wir machen die Jugend unserer Kinder kaputt. Wir sind mittlerweile so leistungsfixiert, haben uns so sehr von den dummen, platten Forderungen der Wirtschaft dazu verleiten lassen, aus unseren Kindern kleine Hochleistungsschüler machen zu wollen. DAS MUSS AUFHÖREN. Kindheit heißt auch Freizeit, heißt unbeschwertes Spiel. Es ist jetzt, während ich diesen Artikel schreibe, 20:00 Uhr und gerade erst habe ich die letzten Aufgaben mit unserer Tochter erledigt. Und sie ist noch in der Grundschule. Unser Ältester am Gymnasium ist zwar durchaus gut,

---
[18] http://www.zeit.de/2011/22/DOS-G8

hat aber vor jeder Arbeit große Angst, denkt jetzt schon daran, ob er es mal so weit schaffen wird, dass er einen Beruf nach seinen Wünschen ergreifen kann.

Die guten Noten in Musik, Kunst und Sport interessieren ihn kaum (dabei bin ich so stolz auf z. B. seine Eins in Kunst!!), aber eigentlich hat er ja recht. Kultur, Bildung, wer braucht das schon. Und Ethik und Moral, das hat uns die Finanzkrise gezeigt, sind heute ja sowieso überflüssig.

Wir Eltern sollten endlich auf die Barrikaden gehen. Schluss mit 8 Jahren Turbo Abi, oder starke Entschlackung der Lehrpläne. Bildung muss wieder in den Fokus rücken. Der junge Mensch soll sich entwickeln dürfen, nicht nur zur Humanressource für die Wirtschaft gedrillt werden.

Wenn das Buch einer chinesischen Horrormutter so hohe Auflagen erreicht und anstelle der Selbstkritik, die durchaus auch in dem Buch vorkommt, plötzlich Eltern ernsthaft drüber nachdenken, ihre Kinder auch zu kleinen Jasagern zu machen wie der chinesische Drill das will, dann wird es Zeit, sich zu empören. "Empört euch", jawohl, das gilt nicht nur für die Finanzsysteme. Das gilt vor allem für diesen Irrsinn, den wir heute Schule nennen.

Und neben diesem tollen Brief werden meine Kinder, wenn sie für die Inhalte reif genug sind, das Buch "Empört euch" von Stéphane Hessel bekommen. Ach, und am besten "Von der Pflicht zum zivilen Ungehorsam" von Henry David Thoreau gleich noch dazu.

Mein digitaler Tag, wohlorganisiert und entspannt.

Wie sieht ein Tag bei mir aus, was mache ich anders als andere? Oft musste ich schon die Frage beantworten, wie ich das alles schaffe, meine Familie, die Arbeit, das Bloggen.

Deshalb hier mal ein typischer Tag in meinem digitalen und analogen Leben. Und der geneigte Leser wird sehen, Technik kann das Leben auch erleichtern, wenn auch viele in meinem Umfeld über das ach so komplexe Leben klagen. Es beginnt schon am Vorabend. Auf einem kleinen Netbook, der zugleich Server für unsere Wetterstation ist, läuft Calibre, eine E-Book Verwaltung, die automatisch aus von mir gewählten Seiten E-B-Books zusammenstellt.

Abends ist dann der E-Book Reader angedockt und Calibre läd automatisch die aktuellen Nachrichten von "Die Zeit", "Spektrum der Wissenschaft", "Tagesspiegel" und einigen anderen Nachrichtenquellen herunter, erzeugt ePub Files und lädt diese auf den Reader (automatisch, ohne mein Zutun). Parallel dazu aktualisieren sich Smartphone und Tablet automatisch mit den neuesten Nachrichten über Feedly und Pulse, sowie einen Podcast catcher. Zeitaufwand für mich bis dahin <1 Minute für den Anschluss der Geräte.

Bevor ich zur Arbeit fahre, lese ich dann ein paar interessante Artikel, schaue bei Facebook und Twitter vorbei und poste Artikel, die ich für interessant halte oder reihe sie bei Hootsuite oder Buffer zum späteren Posten auf Twitter und/oder Facebook ein. So entsteht oft auch der Eindruck, ich wäre den ganzen Tag online, was nur bedingt stimmt, da die Postings dann von meinen Devices, die mir ja das Leben erleichtern und mich nicht ans Netz fesseln sollen, in meinem Namen erledigt werden.

Aufwand bis jetzt ca. 15 -20 Minuten.

Im Lauf des Tages nutze ich Smartphone und/oder Tablet dann, wenn mir eine neue persönliche Nachricht angekündigt wird bzw. in den Kaffeepausen zum Lesen von Kurznachrichten. Das summiert sich am Tag so auf ca. 20-30 Minuten. Meist leite ich interessante Texte direkt auf Facebook, wo ich sie dann abends lese.

Zusätzlich dient mir mein Tablet am Tag noch als Terminplaner, Adressbuch und Chat Client, falls von zu Hause eine wichtige Nachricht kommt, denn mit der

Familie telefoniere ich nicht oder schicke teure SMS, sondern kommuniziere mit einem Messenger (z. Zt. Wahtsapp, weil den auch die Kinder benutzen), was mir und meinen Lieben die Kommunikation vereinfacht, da wir so immer erreichbar sind, aber dann, wenn wir Zeit dazu haben. Abends schaue ich in der Regel nicht fern, bis auf wenige gute Ausnahmen und lese dafür die Fundstücke des Tages auf Facebook nach, twittere mit Freunden oder lese in Feedly und schreibe in meinem Blog. Das ist der größte Aufwand des Tages, findet meist zwischen 20 und 22 Uhr statt, nachdem die Kinder im Bett sind (natürlich meist noch mit einer vorgelesenen Geschichte oder der halben Stunde Fernsehen, die ihnen pro Tag erlaubt ist). Dann sind E-Book Reader und Smartphone/Tablet längst wieder angedockt oder automatisch ins WLAN eingeklinkt und aktualisieren sich für den nächsten Morgen.

Das heißt also, ich benötige für die üblichen Aktionen im Netz am Tag ca. 45 Minuten und nutze die Zeit am Abend, zu der die meisten sich der stumpfsinnigen Glotze hingeben, für meine Aktivitäten als Autor und Blogger. In Summe also maximal 3 Stunden pro Tag, etwa die Zeit, die der Durchschnittsbürger vor der Flimmerkiste verbringt.
Ist das jetzt viel Zeit? Ich glaube nicht. Und deshalb gönne ich mir gelegentlich, vor allem bei schlechtem Wetter und wenn die Kinder gerade ausgeflogen und meine Frau ebenfalls mit anderen Dingen beschäftigt ist, ein oder zwei Stündchen mehr fürs Chatten und Twittern mit Freunden. Aber in Summe bleibt es dabei. 3 Stunden pro Tag, aber kein Fernsehen.
Nicht wirklich viel, oder?

Und meine Frau hat da gar nix dagegen, da wir die Abendstunden gemeinsam auf der Couch im Wohnzimmer verbringen und entweder beide lesen (ich im Web, sie ein E-Book
oder ein klassisches Buch), oder sie etwas Fernsehen schaut, während ich blogge oder lese. Ist kein großer Unterschied, ob man gemeinsam Fernsehen schaut, oder der eine surft, und der andere sieht TV....

Die Zeit der reinen Business Smartphones ist vorbei

Als die Meldung durch die Presse geisterte, RIM, der Hersteller der Blackberry Smartphones, baue Stellen ab, war ich nicht wirklich überrascht. Zu lange hat man sich auf eine Nische fokussiert, nämlich die Business User. Das mag bei den Desktop PCs noch Sinn
gemacht haben. Aber spätestens bei Smartphones und Tablets hat RIM nicht gemerkt, dass die meisten User keine zwei Smartphone rumtragen wollen, eines um privat zu telefonieren, Apps zu laden UND Spiele zu spielen und ein zumindest vom Aussehen (und manchmal auch vom Preis) Geschäftssmartphone.

Mobile Endgeräte mit Internet Zugang lassen die Trennung von Privat und Beruf immer mehr verschwimmen. Wir erleben eine zunehmende "Gamification" des Alltags. Telefone sind nicht mehr reine Geschäftswerkzeuge und spätestens seit dem IPhone und IPad auch Ausdruck eines bestimmten Stils. Da gab es immer weniger Businesskunden, die noch so seriös wirken wollten, dass es unbedingt ein technologisch eher veralteter Blackberry mit eingeschränktem Softwareangebot und sehr trockenen, geschäftlichem Habitus sein musste.

Das Playbook ist durchaus ein gelungener Wurf, aber leider viel zu spät, denn längst hat sich der Konsument auf Android und Apple gestürzt. Wer in Zukunft im Smartphone und Tablet Bereich noch Fuß fassen will, muss es ermöglichen, mit einem Gerät beides zu tun: Privat zu surfen, seine E-Mails abzufragen und auch mal das eine oder andere Spiel zu spielen und gleichzeitig seine Businessaccounts zu verwalten. Das mag manch einem sich viel zu wichtig nehmenden Manager nicht gefallen, aber mal ehrlich, technophile Menschen wird das herzlich wenig stören. Und auch wenn es manche Vorgesetzten stören mag. Der Nutzer emanzipiert sich von der Überwachung seiner Online Aktivitäten im Büro. Ich wage die Prognose, dass spätestens in ca. 5 Jahren über 70 Prozent der Menschen dank Smartphone und Tablet immer online sein werden.

Das mag den Vorgesetzten nicht gefallen, die einen Teil ihrer Bedeutung auch durch die Kontrolle über das Verhalten ihrer Untergebenen definieren. Aber auch die Zeit des 9-17 Uhr Jobs nähert sich ihrem Ende, und die Vermischung von Privat und Beruf schreitet voran. Das mag man mögen oder nicht. Aber dank der neuen Technologien werden diejenigen, die so leben wollen, es einfach tun.
Und Hersteller wie RIM sind die ersten, die das zu spüren bekommen

Generation Y, oder die Illusion des Generationendenkens

Wieder mal wird eine neue Generation definiert, die Generation Y[19], der Karriere angeblich nicht mehr so wichtig ist, die nach Leistung, nicht nach Zeit bezahlt werden will und eine Balance von Arbeit und Freizeit fordert, die nicht mehr bereitwillig Überstunden schiebt, nur um Karriere zu machen. Falsch sage ich, diese Gedanken haben viele Generationen, es kommt stets aber auch darauf an, wie erpressbar die Generation durch die Arbeitgeber ist. Auf einem Arbeitgebermarkt werde ich den Teufel tun und meine eigenen Interessen offen legen. Jetzt aber gibt es den Fachkräftemangel, ein Fiasko für die Manager, denn jetzt können diese faulen bösen Arbeitnehmer ja plötzlich fordern, vernünftige Arbeitszeiten zu haben und wegen ihrer Leistungen und nicht wegen Vitamin B und Ellenbogenmentalität gefördert zu werden.

Firmen [20]müssen plötzlich familienfreundlich werden, auch ethisch wirtschaften und sich damit abfinden, dass ihre Humanressourcen auch noch ein Leben außerhalb des Jobs haben möchten.

Oh wie furchtbar das doch ist, also schnell die Arbeitsministerin vor den Karren gespannt, damit man billige Arbeitnehmer aus dem Ausland anwerben kann. Was aber die Unternehmen offensichtlich nicht bedacht haben. Auch die ausländischen Arbeitnehmer sind anspruchsvoller, wollen vernünftig bezahlt werden und ein Leben neben dem Beruf.

---

[19] http://www.spiegel.de/karriere/berufsstart/0,1518,766883-5,00.html

[20] http://www.erfolgsfaktor-familie.de/default.asp?id=520&gbid=37

Ich arbeite in einem Unternehmen, das schon lange auch familienfreundliche Angebote macht, das verschiedene Arbeitszeitmodelle hat, einen Betriebskindergarten anbietet, als er in anderen Firmen noch nicht mal angedacht war und sich aktiv Gedanken macht, wie auch der demographische Wandel gemeistert werden kann.

Gerade das waren und sind die Faktoren, die meinen Arbeitgeber für mich attraktiv machen. Denn spannende Aufgaben finden sich in vielen Firmen. Aber ein angenehmes, menschenfreundliches und auch familienfreundliches Umfeld, und das nicht aus der Not geboren sondern aus Überzeugung eingeführt und gelebt - DAS ist ein Marktvorteil auf dem Arbeitnehmermarkt. Und auch die Ethik und ein umweltbewusstes Denken gehören dazu.

Mein Schlagwort dafür, und ich stehe dazu: Wir brauchen nicht Work Life Balance, wir brauchen Work Life Integration.

Crowdsourcing und Coworking. Vom Wandel der (Arbeits-)Welt

In einem sehr interessanten Artikel "[21]Crowdsourcing und Coworking Arbeitsmodelle der Zukunft" prognostiziert Claudia Pelzer einen grundlegenden Wandel der Arbeitswelt.

Dem kann ich nur zustimmen. In einer Zeit, in der immer mehr prekäre Arbeitsverhältnisse entstehen, und im Gegensatz einige wenige immense Summen verdienen, wird es Zeit für eine Neudefinition des Arbeitsbegriffs. Nur Lohnarbeit ist gute Arbeit gilt schon lange nicht mehr. Wir definieren uns zwar aus Arbeit, aber diese Arbeit muss auch zu uns passen, uns erfüllen, uns begeistern. Das ist heute nur noch einigen wenigen möglich. Hier entsteht für viele der Konflikt zwischen Engagement für die Arbeit und privaten Werten und Vorstellungen.

In Zukunft sehe ich wie auch einige andere Forscher einen Wandel hin zu einer Arbeitswelt, in der der bezahlte Angestelltenjob nur noch einen geringen Teil des Alltags ausmacht.

Denn wir werden uns letztlich endlich mal von der Illusion der Vollbeschäftigung verabschieden müssen, in einer Zeit in der immer mehr Berufe wegrationalisiert werden, in der der Kunde immer mehr Tätigkeiten selbst erledigt und vieles über Online Dienste abgewickelt wird. Natürlich müssen sich dann auch die Lebensstile wandeln, weg von einem reinen Konsumleben hin zu mehr Nachhaltigkeit. Das muss nicht heißen, dass man neben seinem "eigentlichen Job" nicht noch Geld verdient, aber wir werden meiner Ansicht nach immer mehr Menschen finden, die sich aus Interesse auch noch einer anderen Tätigkeit widmen. In vielen Bereichen sieht man das schon heute, vieles der Open Source Szene wäre ohne freiwilliges Engagement nie entstanden und auch Konzepte des Crowdsourcing gehen in die

---

[21] http://t3n.de/news/crowdsourcing- meets-coworking-arbeitsmodelle-zukunft-314294/

Richtung einer entweder nur gering bezahlten, sehr kleinen Arbeit oder einer kostenlosen Mitarbeit, von der in letzter Konsequenz die Crowd profitiert.

Ich will hier keinesfalls der Lohnarbeit ein Grablied singen. Aber wir werden neue Formen, freiere Formen erleben, weg vom 9-17 Uhr Job, hin zu ergebnisorientierter Bezahlung, die durchaus auch andere Tätigkeiten oder eine Reduktion der Arbeit ermöglichen kann, ohne auf gewohnte Annehmlichkeiten zu verzichten. Alles, was es dazu braucht ist Wille zu Experimenten, Mut zur Zukunft und das Bewusstsein, dass Arbeit nicht immer gleichbedeutend sein muss mit "das, wofür ich bezahlt werde".

Wir erleben schon [3]heute das Heranwachsen einer Generation, (wobei diese Generation eigentlich schon immer existierte, aber durch wirtschaftliche Zwänge oft "offiziell" anders agiert hat, als sie innerlich wollten) die nicht mehr so karrierefixiert ist wie noch ihre Eltern. Die neben dem Beruf auch das Familien- und Privatleben für wichtig hält. Die nach einer Balance zwischen Beruf und Privat strebt (was zudem auch den Krankenkassen zu Gute kommen würde, denn wie eine [22]aktuelle Studie zeigt, hängen solche Erkrankungen wie Burn Out auch eng mit der Arbeitszeit zusammen. Bei einer 40 Stunden Woche ist das Burn Out Risiko sechs Mal so hoch wie bei einer 35 Stunden Woche!). Es bleibt spannend, wie sich die Arbeitswelt weiter entwickeln wird.

Andere führen es uns vor. Südkorea führt elektronische Schulbücher ein

[23]Golem.de berichtet: "Aus dem Schulbuch wird ein E-Buch Die südkoreanische Regierung will auf digitale Schulbücher umstellen. Bis 2015 sollen

---

[22] http://www.tecchannel.de/news/themen/business/2036166/gefahr_fuer_burnout_steigt_bei_40_stunden_woche_deutlich_an/?qle=rssfeed_
[23] http://www.golem.de/1106/84590.html

Unterrichtsmaterialien online zur Verfügung stehen und über unterschiedliche Geräte abrufbar sein."

Tja, wieder mal führt uns eine andere Nation vor, wie man Technologie nutzenbringend und zum Wohl der Menschen einsetzt. Wenn ich mir ansehe, was meine Kinder so jeden Tag in die Schule schleppen, dann finde ich es geradezu blamabel, dass so manch ein Rektor immer noch stolz verkündet, dass man auf diesen modernen Schnickschnack verzichten könnte. Dazu kann ich nur sagen, das mag seine Ansicht sein, aber es gibt auch Menschen, die zukunftsgerichtet denken, die nicht auf althergebrachtem rumreiten, das überhaupt nicht mehr der modernen Zeit genügt.

Ich würde mir lieber heute als morgen wünschen, dass alle Schulen in meinem Umkreis mit digitalen Schulbüchern ausgestattet würden. Das würde vieles vereinfachen. Aber dazu bräuchten die Lehrkörper hinreichende Medienkompetenz. UND hinreichend Geld. Beides ist bei uns in Deutschland wirtschaftlich nicht relevant und wird deshalb nicht gemacht. Eine Schande. Wieder ein Grund mehr für ein "Empört euch".

Ich finde, mittlerweile sollten so manche Technophobiker aufhören, stolz auf ihr Unvermögen zu sein, auch die Möglichkeiten und Chancen neuer Technologien zu sehen. Und sie sollten den Weg frei machen für Menschen mit Ideen. Menschen mit Bedenken haben wir schon viel zu viele. Den Satz "Früher sind wir auch ohne ausgekommen" beantworte ich mittlerweile meist mit, ja, das Rad wird überbewertet, der Würfel war schon ein Schritt zu weit, am besten, wir wären alle auf den Bäumen geblieben...

Google+ als Facebook Killer? Das ist zu kurz gegriffen. Ich nutze die "Datenkrake" gern

Google der Facebook Killer? Mag sein, dass viele von Facebook zu Google abwandern werden. Aber Google ist für mein Gefühl weit mehr. Geht man den Migrationsweg zu Google+ konsequent, und vergisst man zunächst mal die Bedenkenträger mit ihrer Datensammelpsychose, so ist für mich Google+ wieder zu einer zentralen Einstiegsstelle und zu meiner Arbeitsplattform im Netz geworden. Schon lange nutze ich Google, um mich über die aktuellen Themen des Netzes auf dem Laufenden zu halten, arbeite intensiv mit Google Docs und Google Mail. Und jetzt migriert mein soziales Netz, und auch wenn das etwas überheblich klinge mag, vor allem die "wertvollen Kontakte", zu Google+. Dank Android und dessen Synchronisationsmöglichkeiten habe ich meine Terminplanung komplett auf Google Calendar umgestellt, so dass meine Familie immer weiß, wo ich wann beruflich erreichbar bin und wir private und berufliche Termine perfekt koordinieren können. Und ein Backup unserer wichtigen Familienfotos liegt als privates Album bei Picasa. Warum ich alles so zentralisiere? Warum ich mich in die "Fänge" von Google begebe?

Weil ich Service erwarte, und zwar für all meine Bedürfnisse. So umfassend, wie das Google jetzt dank Google+ als weitere Erweiterung schafft, finde ich das nirgendwo sonst im Netz. Und wer mich jetzt dafür verdammt, der sollte mal hinterfragen, ob nicht jeder Microsoft Nutzer sich auch "in die Fänge" von Microsoft, jeder Apple Nutzer nicht in die Klauen von Steve begibt? Ich denke, das tun wir nicht. Stets habe ich auch lokale Backups auf Festplatte, so dass ich, sollte mir der Dienst doch zu bedenklich erscheinen, dort weg. (Wer seine Daten nicht eigenverantwortlich sichert, hat meiner Ansicht nach sowieso noch nicht begriffen, wie man sicher und datenerhaltend im Netz arbeitet) Aber ich sage, Google hat dasselbe Problem wie McDonalds. Alle schimpfen, aber wegen der hohen öffentlichen Aufmerksamkeit kann sich Google viel weniger schwerwiegende Fehler leisten als andere Dienste.

Ich für meinen Teil habe dank der Dienste von Google viele Aspekte meiner Arbeit im Netz optimiert, verbringe paradoxerweise oft gar weniger Zeit im Netz, weil ich mit den diversen Tools verschiedenste Prozesse automatisieren kann.

Google+ ist ein weiterer Teil, der für mich die Arbeit im Netz extrem erleichtert. Sorry, wenn ich nicht auf Google die Datenkrake einschlage. Für mich stellt Google Dienste zur Verfügung, die meine Arbeit erleichtern. Das ist es, was für mich zählt. Und was ich nicht im Netz haben will, kriegt kein Dienst, weder Google noch irgendein anderer.

> Der Unterschied zwischen Mitarbeiter und Mitunternehmer, Flexibilität 2.0 braucht Freiheit 2.0

Wie oft höre ich in Chats und Gesprächen über die Arbeitswelt der Zukunft die Argumentation: Wir würden ja flexiblere Modelle anbieten, aber unsere Mitarbeiter wollen das gar nicht.

Dazu fallen mir immer zwei Fragen ein. Zum ersten: Haben Sie Ihre Mitarbeiter gefragt? Und haben Sie richtig gefragt? Wenn ich anbiete, keine Zeit mehr zu erfassen, und dann aber die gesamte restliche Arbeitsorganisation beim Alten lasse wäre jeder Mitarbeiter töricht, der sich auf dieses Spiel einlassen würde, das für sie oder ihn lediglich nach unbezahlten Überstunden schmeckt. Es muss dann auch eine andere Arbeitskultur her, die nicht mehr ortsgebunden ist. Flexibilität muss dann auch räumlich möglich sein. Viele Wissensarbeiter benötigen für ihre Arbeit lediglich einen Notebook und einen Zugang zum Firmennetz. Warum dann ins Büro fahren? Das geht auch von zu Hause aus.

Zum anderen stellt sich mir oft die Frage: Wen haben Sie gefragt? So böse das klingen mag, aber gerade die High Potentials, die Menschen mit Schlüsselskills wünschen sich oft eine bessere Balance zwischen Beruf und Privatleben, und gerade dort ist der Wunsch nach der Möglichkeit groß, auch mal zu Hause zu arbeiten.

Ebenso die jungen Berufsanfänger mit den neuesten Skills, die aber bei weitem weniger Wert auf Karriere legen, die eine gute Balance zwischen dem privaten und dem beruflichen Leben fordern. Frage ich aber langjährige Mitarbeiter, die ihr gesamtes Lebenskonzept auf den 9-17 Uhr Job ausgerichtet haben, so werden diese solch neuen Freiheiten generell erst mal misstrauen, ebenso wie so mancher

Betriebsrat. Auch bei den Mitarbeitern erfordern neue Arbeitsmodelle ein Umdenken, mehr Selbstverantwortung und die Begabung dazu, auch die eigenen Wünsche wichtig zu nehmen.

Wollen wir wirklich alle an der Arbeitszeit gemessen werden, oder lieber am Arbeitsergebnis? Und wollen wir ein getrenntes Arbeits- und Privatleben, ein Privatleben, das nur noch auf die Regenerierung für den Beruf abzielt (Work Life Balance, wobei die Balance immer die Arbeitskraft erhalten soll) oder wirkliche Work-Life Integration, bei der wir ein Mensch aus einem Guss sind und nicht unser Wesen am Werkstor abgeben und das Privatleben der Karriere unterordnen. Also ich wünsche mir letzteres. Aber ich bin ja auch wie manche meiner Bekannten, Kollegen und Leser sagen: Komisch ;)

Und noch ein Aspekt bekommt immer mehr Gewicht. Der Trend zum "BYOD" also Bring you own device. Da hat zum Teil die IT Abteilung gar nicht mehr viel mitzureden. Diejenigen, die es gewohnt sind, ihren Freundeskreis auf Facebook oder Google+ zu pflegen und ebenso ihre beruflichen Kontakte, erwarten, dies auch am Arbeitsplatz tun zu können. Auch hier verschmilzt zwangsläufig privat und Beruf. Wer hier mit strengen Verboten arbeitet, wer hier glaubt, nur ein 100 % für die Firma arbeitender Mitarbeiter ist ein guter Mitarbeiter, sollte sich dringendst fragen, warum Firmen wie Google, IBM, Microsoft so erfolgreich sind? Dort wird den Mitarbeitern eben nicht alles verboten, was auch nur irgendwie nicht nach 100 % Humanressourcenauslastung klingt. Wir wissen schon seit langem, dass eine produktive Tätigkeit gerade bei Wissensarbeitern maximal während 70 % der Arbeitszeit möglich ist. Aber wir tun immer noch so, als müsste jeder Mensch am Eingang zur Firma zu einem Arbeitsautomaten mutieren. Get real, sage ich da nur. Smartphones, Tablets, Netbooks die auch schon mal einen ganzen Tag laufen. Wir können sie alle verbieten, , aber das fördert weder Motivation noch Loyalität zum Arbeitgeber. Wer seinen Mitarbeitern vermittelt, dass man sie zur Arbeit tragen muss, dass man sie kontrollieren muss, damit die passenden Ergebnisse herauskommen, der wird auch genau solche Mitarbeiter bekommen. Wer Mitunternehmer will, muss auch Freiheiten zulassen.

Das Internet macht dumm, nicht dumm, dumm, nicht dumm

[24]"Internet macht vielleicht doch nicht dumm!" schreibt die ZEIT. Ach, natürlich nicht! Eine Technik an sich kann weder dumm noch schlau machen. Wenn überhaupt, dann ihre Anwendung. Und warum um Himmels Willen sollte das Internet dumm machen? Der Mensch hat in der Geschichte schon mal eine Kulturtechnik entwickelt, die Wissen aus seinem Kopf auslagerte. Man nannte und nennt das Buch. Und offensichtlich sind wir wirklich dümmer geworden, haben keine neuen Erfindungen gemacht, sind nicht zum Mond geflogen, haben keine Computer entwickelt.

Es geht nie darum, ob eine Technologie verdummt, es geht darum, ob der Mensch Wissen intelligent anwendet, ob er schlussfolgern und intelligente Schlüsse ziehen kann. Ich erinnere mich an mein Studium und die Hilflosigkeit der Studenten, die mit ihren super Zeugnissen plötzlich vor einer Wand standen. Sie konnten nicht mehr einfach Auswendiglernen, bekamen den Stoff nicht zum Auswendiglernen vorgelegt, sondern sollten sich Wissen erarbeiten. Damit hatte ich überhaupt keine Probleme, weil das für mich schon immer das Spannendste war. Aber so mancher Einser Kandidat wollte schier daran verzweifeln.

Meiner Ansicht nach ist dieses Gerede vom Verdummen des Internets eine Schutzbehauptung all jener, die schon immer Schwierigkeiten mit neuem hatten, die sich nicht wirklich gerne verändern, die ihr Weltbild möglichst lange aufrechterhalten wollen. Sonst müsste ja eigentlich auch jeder Brockhaus zur Verdummung der Menschheit geführt haben.

Ich verdumme nur dann, wenn ich mich entscheide, mich nicht mehr weiterentwickeln zu wollen. Für mich ist aber gerade das Netz und die IT die größte neue Möglichkeit, mich weiterzubilden. Ich habe Zugriff auf riesige

---

[24] http://www.zeit.de/digital/internet/2011-07/internet-gedaechtnis

Datenmengen, die für mich extern gespeichert sind, die ich nicht mehr memorieren muss, aus denen ich aber Schlüsse ziehen und Erkenntnis gewinnen kann.

All ihr Kulturpessimisten, wettert nur weiter gegen das Internet. Wir nutzen es derweil, um uns weiterzuentwickeln und intelligenter zu handeln.

Wobei es natürlich für verschiedene Institutionen ausgesprochen ärgerlich ist, wenn der Mensch sich plötzlich unabhängig von Kontrollinstanzen informieren kann. Das haben wir schon früher erlebt, denn der Buchdruck war ein echtes Ärgernis für die Kirche, da sie jetzt nicht mehr mit verlogenen Drohszenarien die Menschen kontrollieren konnte. Schließlich konnten jetzt ja, oh schlimm, die Menschen das Herrschaftswissen hinterfragen und die Lügen entlarven. Ähnliches passiert auch heute, ich sage nur: Gutenplag.

Oder wie ein altes chinesisches Sprichwort sagt:

Es gibt Menschen, die Fische fangen, und solche, die nur das Wasser trüben.

Lasst uns Fische fangen, während die ganzen Kritiker immer noch mit Wasser trüben beschäftigt sind.

Es gibt Dinge, die ich nicht können will. Warum wir Mitarbeiter anders sehen sollten.

Vorneweg: Weil zu Recht angemerkt werden könnte, es könne auf manchen Leser wie ein Wunschkonzert wirken. Natürlich muss jeder von uns auch Dinge tun, die er oder sie nicht so mag. Natürlich kann ich nicht immer nur das tun, was ich mag. Aber hier wie überall gilt mein ewiges Credo. Nie schwarz oder weiß denken. Ich biete hier EINE Sicht auf die Dinge. Fokussiert auf das, was mir hier wichtig ist, denn es geht um die große Richtung. Also :

Manche Gespräche entstehen aus einem Zufall heraus und liefern ungeahnt wichtige Impulse. Da ich mich schon des längeren mit Fragen der Motivation, der Arbeitsorganisation und dem "richtigen" Umgang mit dem Menschen als Arbeitskraft befasse, war für mich ein Gespräch mit einer Kollegin heute von ungeahnter Inspiration.

Oft fragen wir, wenn wir einen Mitarbeiter für ein Projekt suchen, was sind seine Skills, was kann er. Und oft wird der Mitarbeiter dann der Aufgabe zugeteilt, ohne die absolut wichtigste Frage von allen zu stellen: WAS WILL ER?

Sicher, ich habe Mitarbeiter A in die Schulungen zum Projektmanagement oder Zeitmanagement geschickt, und er hat auch an allen ohne Murren teilgenommen. Das heißt aber letztlich nur, er KANN die Techniken des Projekt- oder Zeitmanagements anwenden. Aber WILL er das auch? Steht er hinter dem Gelernten?
Findet er es richtig? Das ist die Frage. Denn ich kann einem Menschen zwar das Wissen über eine bestimmte Vorgehensart vermitteln. Aber ich kann ihn letztlich maximal zur Anwendung überreden, ihn also zum Können befähigen. Das Wollen liegt nicht in meinem Ermessen. Das heißt nun nicht, dass der Mitarbeiter deshalb weniger wert wäre. Im Gegenteil, eine der wichtigsten Führungsaufgaben, und auch das habe ich dankenswerterweise aus einer Schulung meiner Firma gelernt (ja und auch lernen wollen ;)) ist, was will mein Mitarbeiter.

Es ist elementar, zumindest in groben Ansätzen den Mitarbeiter mit seinen Vorlieben zu kennen. Ich kann keinen leidenschaftlichen PHP Entwickler einfach durch eine Schulung zum leidenschaftlichen Java Entwickler machen. Ebenso wenig kann ich einen kreativen Kopf in die Zwänge von Planungssheets, Exceltabellen und Präsentationsmarathons sperren.

Das mag der Mitarbeiter zwar noch handwerklich schaffen, aber er ist nicht mit dem Herz dabei. Er wird nie "Flow" erleben, wird nie aus einer inneren, einer intrinsischen Motivation arbeiten, sondern stets nur durch den Hintergedanken "ich muss, weil mein Chef das so will". Wir alle haben Vorlieben und Aversionen. Und auch das spielt in die Arbeitswelt mit hinein, auch wenn in vielen Führungskräfteköpfen noch das Bild steckt, der Mitarbeiter müsse seine Vorlieben und Abneigungen am Eingang zur Firma ablegen. Wir alle sind Menschen und bleiben das auch im Beruf.

Und man darf nicht vergessen. Ein Mensch, der eine Aufgabe mit Leidenschaft macht, weil er sie machen will, der wird nicht nur mehr leisten, der wird dies auch gerne tun. Das heißt, er ist glücklich. Und wie wir ja immer häufiger lesen können. Geld ist nicht alles, viele Bereiche haben entdeckt, dass die Zufriedenheit der Mitarbeiter auch auf die Zufriedenheit der Kunden durchschlägt. Glück als Geschäftsfaktor sollte völlig neu bewertet werden. Und Mitarbeiter sollten wollen UND nicht wollen dürfen. Der Satz: "Diese Arbeit will ich nicht tun" sollte enttabuisiert werden.

Der Aufstieg des E-Books als Chance für das gedruckte Buch

Es gibt nicht nur negative Aspekte beim Aufstieg des E-Book und seinem Konkurrenzkampf mit dem klassischen Buch.

Blicken wir in die Vergangenheit, so gab es schon häufiger technische Neuerungen, die angeblich das Ende einer anderen "Kulturtechnik" einläuten sollten. Für mich ist der Aufstieg des E-Books auch eine Chance. Denn ich sehe das E-Book vor allem in Konkurrenz zum billigen Taschenbuch, das nicht genossen, gelesen, erlebt, sondern konsumiert wird. Für mich besteht die große Chance für das gedruckte Buch und speziell für das Hardcover, wenn es sich ein wenig aus dem Konsumzirkus zurückzieht und sich wieder zum Kulturgut stilisiert. Hochwertiger Druck, eleganter Einband. Das gedruckte Buch ist nicht tot, es sollte sich nur neu erfinden im Sinne eines Fokussierens auf die Qualität und weniger die

Quantität. Will ich ein Buch lesen, weiß aber nicht, ob mir Autor oder Inhalt wirklich zusagen, griff ich bislang zum gedruckten Paperback. Mit der Ankunft des E-Books landen solche Geschichten bei mir eher auf dem E-Book Reader.

Aber es gibt auch Romane und Autoren, die sind mir ein weiteres Lesen wert. Und hier möchte
ich (sicher eine spezielle Einstellung, die ich aber in Gesprächen mit anderen Literaturliebhabern so oder ähnlich wiederfinde) das wertige, das papierene Buch. Ich möchte es im Regal sehen, möchte schon durch seine visuelle Präsenz daran erinnert werden. Denn ein rein digitales Buch ist längst nicht so präsent in meinem Alltag.

Und geben wir Bücherwürmer es doch offen zu. Auch der Blick aufs gefüllte Regal mit all den
gerne und wiederholt gelesenen Autoren fehlt. Und auch hier prophezeie ich einen Wandel. Weg vom billigen Hardcover zurück zu wertigen Büchern, mit eleganten Umschlägen, Golddruck und Lesebändchen. Das gedruckte Buch wird sicher Marktanteile verlieren. Aber es hat auch, wenn die Verlage das erkennen, die Chance, als Kulturgut und als Objekt von Wert an Bedeutung zu gewinnen. Ähnliches haben wir schon häufiger erlebt. Trotz der Ankunft des Kugelschreibers werden auch heute noch Füller verkauft. Trotz Keyboard und E-Piano findet sich in so manchem Haushalt das hochwertige Klavier. Ganze Kataloge leben vom Angebot wertiger, aber eigentlich "veralteter" Produkte (Manufactum hat dies quasi zum Kult erhoben).
Für mich werden E-Book und "klassisches Buch" koexistieren. Das eine als Konsumgut, das andere als Kulturgut.

Wir müssen schnell, die Elite kann langsam?

"[25]Nur die Ruhe" titelt die Zeit und trifft für mich damit einen Nerv des aktuellen Zeitgeists, der offensichtlich viele Menschen umtreibt, die plötzlich entdecken, dass das Leben ganz woanders stattfindet, während sie noch im Wettlauf um Karriere, Konsum und Macht sind. Als Gegenbewegung will sie die Menschen identifiziert haben, die sich eine Auszeit, ein Sabbatical gönnen, die auf Konsum verzichten und langlebige Güter bevorzugen, die ihr eigenes Gemüse anbauen.

Das mag alles richtig sein, ist aber auch sehr elitär. Denn für die meisten Menschen und insbesondere für Familien mit Kindern ist so ein Sabbatical meist nur ein frommer Wunsch. Ständig steigende Lebenshaltungskosten und stagnierende Gehaltsentwicklungen verhindern oft die Flexibilität, auch mal einen Gang zurückzufahren. Und ja, ich versuche, langlebige Güter zu kaufen, aber das geht nur bedingt, wenn das Budget bei einer Familie mit drei Kindern andere Prioritäten vorschreibt.

Zudem geht das heutzutage in manchen Bereichen schon gar nicht mehr. Dort sind die Produkte mit einer Art Verfallsdatum versehen, das nach meinem Eindruck meist ein oder zwei Monate nach Ablauf der Garantie liegt. Gerne hätte ich so manches Elektrogerät, das mir auch nach 2 Jahren noch das an Leistung bringt, was ich brauche. Aber ständige Updates, neue Varianten und das Supportende des "alten" verhindern dies meist. Und das handwerklich gute und wirklich solide Produkt ist leider so teuer, dass man hier wirklich nur in ganz bestimmten Bereichen darauf zurückgreifen kann.

Da heißt es dann für die meisten eher Konsumverzicht als bewusster Konsum. Und auch der Eigenanbau von Lebensmitteln bedingt, dass man die Zeit dafür hat UND den Raum. Auch hier braucht es eine bestimmte soziale und wirtschaftliche Position, um sich das überhaupt leisten zu können. So lange im Beruf, ja in der Wirtschaft immer noch das Prinzip, schneller, mehr in weniger Zeit, Effizienzsteigerung oberste Priorität hat und solange wir als Kunden zwar entschleunigen wollen, aber keine Lieferzeiten von mehr als ein oder zwei Tagen

---

[25] http://www.zeit.de/2011/35/Hodgkinson-London

akzeptieren, so lange wird die Entschleunigung ein Luxusgut weniger Menschen sein.

Wir brauchen hier nicht einen Wandel in den Köpfen der Menschen, der Wandel ist schon längst da, angesichts Burn Out und immer häufiger gestellter Systemfrage. Wir brauchen ein neues System. Erstaunlicherweise hat auch hier die ZEIT[26] einen Artikel parat. Von Tom Hodgkinson, einem unbequemen und sehr provokanten Querdenker, dessen Thesen manchmal überzogen wirken, dessen Bücher aber jedem ans Herz gelegt seien, der mal jenseits der momentanen Arbeits- und Lebensethik der Leistungs- und Geschwindigkeitsgesellschaft nach Alternativen sucht.

Und zum Schluss, ganz wichtig, Entschleunigung heißt nicht zwangsweise Konsumverzicht. Oder besser gesagt, es wäre schön, würde es das nicht heißen, nur für eben jene, die sich nicht die "Luxusversionen", also langlebiges leisten können, heißt Entschleunigung dann eben doch, auf vieles verzichten zu müssen. Und wird damit natürlich unattraktiv. Womit wir wieder beim berühmten Katze-Schwanz Problem wären... Mich würde einmal interessieren, ob schon irgendwer die Rechnung aufgemacht hat, welche Kosten durch die ständige Beschleunigung entstehen und ob wir nicht alle auch wirtschaftlich und ökologisch längst draufzahlen?

Blogparade: Ich hab da mal eine Frage: Mutig sein, was heißt das eigentlich?

(Anmerkung zu Beginn: Dieser Aufruf zu einer Blogparade zeigt einen Mechanismus, der unter Bloggern sehr gerne verwendet wird, um verschiedene

---
[26] http://www.zeit.de/2011/35/Hodgkinson-London

Blicke auf ein und dasselbe Thema zu erhalten. Ein Blogger, der eine spezifische Fragestellung hat, beginnt dabei mit dem Aufruf zur Blogparade und einem eigenen Text zum Thema und bittet andere, sich daran zu beteiligen)

Wenn man Kinder hat, und sie nicht nur für den Arbeitsmarkt, sondern für das Leben vorbereiten will, dann wird man manchmal mit nicht ganz so einfachen Fragen konfrontiert. Für mich aktuell: Was bedeutet es, mutig zu sein?

Daher diese Blogparade, in der es mich interessiert, wie ihr Mut definiert?
Ich habe dann immer dieses Bild vom 10 Meter Brett vor Augen. Wer ist da mutiger? Derjenige, der trotz großer Angst springt? Oder derjenige, der umdreht, weil er nicht springen will, und sich dem Spott der Kameraden aussetzt? Ich entdecke hier immer wieder zwei Lager. Die einen, die sagen, die Angst zu überwinden und dennoch zu springen wäre mutiger, und die anderen, zu denen auch ich gehöre, die sagen, etwas nicht tun wollen und dazu zu stehen, also herunterzuklettern, ist mutiger.

Meine These. Es gehört mehr Mut dazu, seine eigenen Grenzen zu vertreten und auch meine Ängste zu akzeptieren. Dinge auch mal nicht tun, obwohl das Umfeld diese erwartet. Denn wenn ich das meinen Kindern vermittle, vermittle ich auch das Bewusstsein, dass man nicht jeden Bockmist mitmachen muss, nur weil die "Peer Group" das cool findet.
Für mich sind auch die Menschen mutig, die ein "anderes Leben" leben, das nicht zu dem aktuellen Bild eines "erfolgreichen" Lebens passt. Mut heißt, seinen eigenen Weg zu gehen und sich nicht von Meinungen und Zielen anderer davon abbringen zu lassen.

Gerade in der IT, in der Forschung ist Mut oft der Ursprung für neue Entdeckungen und Entwicklungen. Und zwar der Mut zum Querdenken, zum darüber hinwegsetzen, was Mehrheitsmeinung ist. Wo wären wir, wenn ein Bill Gates oder ein Steve Jobs nicht den Mut gehabt hätten, die Ausbildung abzubrechen um das zu tun, was sie für richtig hielten. Das Wagnis war damals für das Umfeld sicher reiner Wahnsinn.

Aber immerhin, sie sind ihren Weg gegangen, haben selbst bestimmt, wie sie leben wollen. Das kann schiefgehen. Aber das kann es auch, wenn ich nur dem Bild folge, das die Gesellschaft mir vorgibt. Nicht anders ist zum Teil die Finanzkrise entstanden. Und auch die dunkelste Zeit der deutschen Geschichte hatte zum Teil damit zu tun, dass blinde Gefolgschaft bei der Mehrheit vorhanden war und die wirklich Mutigen in der Minderzahl waren.

Und Mut heißt auch, seine eigenen Bedürfnisse mal vor alle anderen zu stellen, zuerst nach sich zu sehen. Wo mir zum Beispiel lange Zeit der Mut gefehlt hat, war beim Nein-Sagen. Hilfsbereit wie ich bin, wollte ich natürlich jedem helfen, und das ging ja auch stets, aber dabei blieben meine eigenen Belange außen vor.

Wie seht ihr, meine geneigten Leser das? Was bedeutet für euch Mut?

Digital Sabbatical, neuer Trend oder nur neuer Wein in alten Schläuchen?

Scheinbar gibt es, so zumindest informiert uns die Trendseite [27] Trendoneblog, einen neuen Trend zum digitalen Sabbatical. Sei es mit Software, die den Zugang zu bestimmten Seiten sperrt oder, in dem man alle Online Werkzeuge abschaltet.

Für mich die Frage hier, warum sollte das neu sein? Schon zu Zeiten des Telefons wurde uns empfohlen, nicht immer ran zugehen, wenn es klingelt und auch durchaus mal die Türe nicht zu öffnen, wenn man zu Hause ungestört sein will. Es ist hier weniger eine Frage des überfordert seins durch die Werkzeuge, als durch den immer größeren beruflichen Druck, stets erreichbar sein zu sollen. Zu Hause habe ich die geringsten Schwierigkeiten, auch mal einen ganzen Abend offline zu verbringen. Es gibt gute Bücher, schöne Musik oder einfach einen schönen Abend auf der Terrasse. Die Frage ist, haben wir alle die Möglichkeit, auch im Beruf zu sagen, ich bin jetzt für eine Stunde ungestört? Auch hier sprechen wir wieder über

---

[27] http://blog.trendone.com/2011/09/01/aktuelle-macro-trends-digital-downtime/

ein Luxusproblem, denn als kleiner Angestellter kann ich nicht meinen Chef einfach "aussperren". Ich kann es kommunizieren, aber schon dafür brauche ich nicht nur den Mut sondern auch eine Unternehmenskultur, die das erlaubt. Solange wir aber noch in einem Umfeld arbeiten, in dem die meisten körperliche Präsenz mit geleisteter Arbeit gleich setzen, ist es sehr schwer, sich hieraus auszuklinken. Ich leiste meine Ergebnisse nicht gut, wenn ich dafür 5 Stunden gearbeitet habe, sondern, wenn ich das Ergebnis so wie es mein Auftraggeber gewünscht hat, erreicht habe. Ob ich dafür 5 Stunden oder 15 brauche hängt meist davon ab, wie komplex das Problem und wie häufig die Störungen sind.

Solange Kollegen frotzeln, sobald jemand nach der normalen "Regelarbeitszeit" geht, ob er wohl halbtags arbeite, habe ich einen hervorragenden Indikator dafür, dass offensichtlich nicht die Leistung zählt, sondern die abgesessene Zeit.

Ich wage zu behaupten, wenn wir die Präsenzkultur zu Gunsten einer Arbeitsergebnis Kultur ablösen, in der das "was wurde geleistet" und nicht "wie lange wurde im Büro am Arbeitsplatz gesessen" zählt, dann haben viele auch nicht mehr die Probleme mit digitalem Informationsüberfluß.

Softwareentwicklung reloaded: vom bösen Geek und dem gefährlichen Jedi

Ich bin schon ein paar Jährchen in der Softwareentwicklung tätig, und habe auch schon viele Bereiche kennengelernt. Ein paar Themen und Motive tauchen dabei immer wieder auf, egal nach welchen Methodiken man "offiziell" vorgeht.

Da ist zum einen der "böse" Geek. Natürlich nicht wirklich böse, aber im Verlauf eines Softwareprojekts oft ein Fachmann mit fatalen Auswirkungen. Er kennt sein Fachgebiet bis in die tiefsten Tiefen, er weiß genau, wie man 100 % reinen Code produziert und lässt nichts anderes gelten. Das bewirkt zum einen, dass er selbst Code produziert, den nur noch andere Geeks, und davon gibt es nicht allzu viele in seinem Fachgebiet, dafür hat der böse Geek ein Auge, dass also nur solche Geeks seinen Code noch verstehen. Zum anderen demotiviert der "böse Geek" sein Umfeld. Denn keiner kommt an seinen Code ran. Und das lässt er andere spüren.

Dagegen steht der "gefährliche Jedi". Er hat ebenfalls ein tiefes Wissen, das aber eher durch die Jahre der Entwicklung an einem komplexen System gewachsen ist. Er kennt nur dieses System, und nun will man es ihm wegnehmen, es erneuern. Der gefährliche Jedi ist leicht zu erkennen an Worten wie: Mit dem bisherigen System wäre das ganz einfach. Oder auch: Das neue bringt doch nichts, ist doch viel zu kompliziert. Dem gefährlichen Jedi widerspricht sein Umfeld aber nicht, denn er ist anerkannter Großmeister seines Faches. Er kennt jede Tiefe, kann den Code schon alleine durch seine Präsenz heilen (nutze die Macht). Doch wehe, es tritt ein junger Schüler auf den Plan, der mit neuen Werkzeugen und Herangehensweisen die Macht des Jedi hinterfragt. Dann kommt es zum Konflikt, dann zeigt der Jedi, dass nur er alleine die wahre Weisheit kennt.

Gefährlich ist auch "der Herr über die Waffen". Meist ein Fachmann in den Werkzeugen, mit denen das Team bzw. das Haus entwickelt. Oder auch mit denen er gerne entwickelt. Hier wird es schwierig, das Herangehen oder noch schlimmer das Werkzeug zu wechseln. Einmal Lichtschwert, immer Lichtschwert.

Ebenfalls ein Problem ist der immer wieder gegenwärtige "Imperator". Er versteht weniger von der Tiefe der Programmierung, aber er hält die Fäden in der Hand, sei es als Leiter eines Teams, als DER Fachmann für eine Aufgabe oder einen Teil eines Projekts. Der Imperator weiß, er soll delegieren, er soll Freiräume lassen, aber er ist der Herrscher. Deshalb fordert er permanente Berichte, stets den aktuellen Status und will über jeden Schritt seiner Untertanen informiert sein. Das liebste Werkzeug des Imperators ist das CC der E-Mail.
Jeder muss ihn mit informieren, jeden informiert er mit. Mitarbeiter in Projekten mit Imperator ertrinken irgendwann in E-Mails, da früher oder später jede Mail mit CC an die ganze Gruppe geht. Es gibt noch viele andere "bedrohliche" oder "gefährliche" Charaktere in Projekten. Demnächst werde ich hier weitere vorstellen, zum Beispiel den "dämonischen Clown" und den "manisch depressiven Versager".

Wir leben mit dem Fetisch Papier.

Ich bin Informatiker und als solcher schmerzt es mich stets, wenn die digitalen Möglichkeiten, auch jene, die nicht nur die Arbeit vereinfachen sondern auch Ressourcen schonen, nicht genutzt werden.

Einer der größten Fetische hier ist immer noch Papier und dessen scheinbarer Eindruck von intellektueller Tätigkeit. Erst vor ein paar Tagen wieder passierte es mir, dass ich darauf angesprochen wurde, was ich denn da auf meinem Tablet herumspielte. Ich sparte mir die Erklärung, ich machte dort meine Notizen, denn ich weiß: Ernsthaft im Büro arbeitet auch heute nur der, der auch offensichtlich mit Unmengen von Papier umgeht. Wer in der Konferenz nur mit Tablet sitzt, wird nicht ernst genommen, weil er in den Augen der im Gestern lebenden die Sache nicht ernst nimmt. Wichtig ist stets, eine elegante Schreibmappe mitzuführen, und dazu einen teuren Stift. Gebrauchen muss man beides nicht, alleine schon die demonstrative Präsenz von beidem auf dem Konferenztisch strahlt Seriosität aus. Dabei ist es eigentlich heutzutage nur dumm, noch Papier in rauen Mengen zu verschwenden.

Da werden Foliensätze nicht nur ausgedruckt, nein, wenn nicht jeder Teilnehmer der Sitzung noch eine Kopie erhält, gilt der Leiter der Sitzung als schlecht vorbereitet. Da bringt jeder Teilnehmer nochmals einen AUSDRUCK der Einladung mit oder es werden in Schulungen die gesamten Schulungsunterlagen in Papierform zur Verfügung gestellt, als habe man noch nie etwas von Email und PDF gehört.

Elektronische Kalender werden am Arbeitsplatz-PC geduldet, aber jährlich werden große Wandkalender, kleine Tischkalender, Taschenkalender und diverse andere Arten von Kalendern in rauen Mengen gekauft, verteilt, verschenkt und dann doch nicht genutzt.

Ich arbeite schon seit einigen Jahren inoffiziell soweit es geht nur noch digital. Aber gezwungenermaßen muss man sich immer wieder dem Diktat der Papierfetischisten unterordnen. Wir leben alle noch mit vielen überkommenen Ritualen, weil wir offensichtlich alle noch sehr viel Angst vor Erneuerung, vor Wandel haben. Wir könnten das papierlose Büro schon längst haben, wenn sich nur mehr Menschen im Morgen bewegen würden und nicht stets im Gestern leben wollten, wo ja alles ach so viel besser war.

Wenn ich mir überlege, ich müsste all die Unterlagen, die ich im Laufe der Zeit für ein Projekt ansammle, gerade für meine Blogartikel in Papierform mit mir herumschleppen, graut es mir davor. Das meiste meiner Recherchetexte und Textentwürfe wird mittlerweile digital verwaltet und wird nie auf Papier verewigt. Das wäre für mich eine ungeheuerliche Ressourcenverschwendung. Und bei manch einem beinahe meterhohen Ausdruck eines Programmlaufs schüttelt es mich. Das alles ist Papier, das einmal oder zweimal angesehen und dann in den Papiermüll gegeben wird. Eigentlich eine ungeheuerliche Geld- und Ressourcenverschwendung. Aber man hängt halt an seinem Fetisch.

Collaborative Consumption oder: Was unsere Großeltern noch machten

Ein interessantes Konzept, das ich schon auf der re:publica 2011 kennengelernt hatte und das auf dem Stuttgarter Barcamp 2011 eine eigene Session bildete, ist "Collaborative Consumption". Mittlerweile zu einer bedeutsamen Bewegung angewachsen geht es dabei darum, Dinge nicht mehr nur für sich zu "konsumieren" sondern auch zu teilen.

Ein Beispiel das dies sehr schön illustriert, ist jenes vom Bild, das ich aufhängen will. Dazu benötige ich ein Loch für einen Dübel und dafür wiederum eine Bohrmaschine. Reflexartig würden nun diejenigen sagen, die noch keine Bohrmaschine besitzen, nun, dann kaufe ich mir eben eine, kann ich eh immer wieder mal brauchen. Und genau da liegt der Irrtum. Studien besagen, dass ein Bohrer durchschnittlich nur 11 Minuten IM JAHR überhaupt genutzt wird.

Die Idee: Ich brauche eigentlich nicht den Bohrer, sondern das Loch in der Wand. Also warum nicht den Bohrer leihen, und damit nicht konsumieren. Das ist in manchen Bereichen heute schon realisiert (ich kann mir diverse Werkzeuge bei den meisten Baumärkten auch leihen), wird aber von der breiten Masse nicht angenommen. Warum ist das so? Nun, wir leben nach wie vor in einer Konsumgesellschaft und definieren uns genau dadurch. Wir wohnen in Wohnungen, die wir kaum sehen, kaufen Dinge, die wir nicht brauchen, um Leute zu beindrucken, die wir nicht leiden können.

Viele Menschen zum Beispiel könnten sehr gut auf ein eigenes Auto verzichten, wollen das aber nicht, da das Auto immer noch, wenn auch mit absteigender Tendenz, als Statussymbol gilt. Sehr offensichtlich wird dies in den Management Etagen, wo extrem häufig dicke, viel zu große und unnötig teure Fahrzeuge in den Fuhrparks stehen, weil man das als Manager nun mal so macht. Weil es ja schlimm aussieht, wenn der Manager mit einem Smart käme oder zumindest mit einem Mittelklasse Auto.

Ähnliches, und da muss ich mich ganz klar auch an die eigene Nase fassen, gilt für unsere IT Branche. Wer nicht das neueste Gadget hat, der gilt als rückständig, uninformiert. Und die Industrie lebt gerade von diesem Drang zum Neuen. Kaum ist das Tablet XY Version 1 auf dem Markt, wird schon das Tablet XY 2.0 angekündigt. Natürlich hat das neue so viele notwendige Features, dass man es sich unbedingt anschaffen muss (und bevor hier jemand lästert, auch ich befreie mich selbst nicht von diesem Vorwurf).

Aber hier liegt auch ein Problem in der Argumentation. Bislang wird dieses ganze Konzept noch viel zu sehr mit dem "Gutmenschen" Dünkel versehen. Entweder ich verzichte und teile, oder ich bin "schlecht".

Nun kann man nicht einfach sagen, verzichte auf jeden Besitz und die Welt wird gerettet. Es geht meiner Ansicht nach viel mehr um einen bewussten Konsum. Jeder darf auch etwas besitzen, darf etwas nicht nur brauchen, sondern auch "wollen". Aber das sollte stets eine bewusste Entscheidung sein, die aus mir selbst heraus motiviert ist. Ich interessiere mich für elektronische Devices und kaufe sie deshalb, nicht weil Kollege X oder Freund Y dieses oder jenes Gerät hat. Aber wir haben uns in der Familie zum Beispiel AKTIV dazu entschlossen, dass uns ein Fahrzeug reicht. Wir leben auf dem Land, deshalb ist es sehr schwer, ganz ohne Auto auszukommen, aber ich kann, auch bedingt durch unsere Wahl des Wohnorts, mit dem Fahrrad zur Arbeit fahren, und tue das auch im Winter.

Collaborative Consumption hat noch einen weiteren Aspekt, der heutzutage in einer stark individualisierten Welt eher ins Hintertreffen geraten ist. Gegenseitiges Vertrauen ist die Grundlage für einen funktionierenden "kollaborativen Konsum". Das funktioniert mit nicht statusträchtigen Dingen recht gut, so haben wir in unserer Nachbarschaft, in der eigentlich jedes Haus auch noch einen Gemüsegarten hat, uns derart koordiniert, dass jeder seinem Nachbarn von dem, was er im Überschuss hat, etwas abgibt.

Aber warum zum Beispiel sind Car Sharing Angebote immer noch nicht in der breiten Masse angekommen? Viele Fahrzeuge stehen die meiste Zeit des Jahres in der Einfahrt oder Garage. Aber als Statussymbol will man nicht auf sie verzichten. Zudem besteht oft die Angst, wenn ich etwas teile, macht der andere das womöglich kaputt oder gibt es mir nicht mehr.

Hier sehe ich das große Potential von Sharing Plattformen, die dann nicht nur das Teilen von Dingen übernehmen, sondern zum Beispiel auch allen Teilnehmern gegen eine geringe Gebühr eine Versicherung anbieten. Zudem können hier auch Bewertungssysteme eingeführt werden, die ähnlich der Bewertungen bei Amazon oder bei Tippplattformen vertrauenswürdige Tauschpartner mit Punkten belohnen.

Was sich aber meiner Ansicht nach zuerst wandeln muss, und da haben natürlich so ziemlich alle großen Konzerne etwas dagegen: Reiner Konsum muss unschick werden. Wer nur noch konsumiert, darf nicht mehr als Trendsetter angesehen werden. Use it, reuse it, recycle it ist als Konzept immer noch eher etwas für die "komischen" Geeks, Nerds und Ökos.

Solange aber in den Schulen und Elternhäusern dieses Konzept nicht vorgelebt wird, solange ich mich immer noch rechtfertigen muss, warum unser Vorgarten nicht teuer gepflegt aussieht, sondern eher wie ein Abenteuerspielplatz für Kinder (was er auch ist, deshalb gehen mir die ganzen versteckten Andeutungen auch am... na ihr wisst schon) und solange die Industrie immer noch Produkte anbietet, die weder reparierbar noch dauerhaft nutzbar sind, so lange muss man immer wieder und mit großer Penetranz darauf drängen, dass auch in den Chefetagen ein Umdenken einsetzt, weg vom immer mehr, immer mehr, hin zu nachhaltiger Produktion und zu einer serviceorientierten statt einer verbrauchsorientierten Wirtschaft.

Wir alle besitzen heute schon viel zu viele Dinge, und ich wage zu behaupten, dass zwei Drittel aller Dinge, die wir in unseren Haushalten lagern, völlig unnötig sind. Jeder von uns muss umdenken, aber es ist ein valides Konzept, Konsum zu hinterfragen und wieder mehr auf den Tausch und die gegenseitige Hilfe zu setzen.

Spielen, Innovation und der Schaden durch Wirtschaftsstudenten

Warum sind wir mittlerweile in vielen IT Bereichen weniger innovativ als Copycats? Nun, vieles hängt sicher damit zusammen, dass bei uns neue Internetunternehmen oft von Wirtschaftsstudenten gegründet werden. Da geht es dann nicht darum, dass etwas völlig neues entwickelt wird, da soll nicht Technologie vorangebracht werden, nein, da geht es ums Geld verdienen.

Ich glaube schon lange nicht mehr wirklich an den angeblichen Innovationsstandort Deutschland. Es ist ein Ingenieursstandort, wo Bestehendes verfeinert wird, im Auftrag von Erbsenzählern, deren primäres Ziel nicht die

Verbesserung des Produkts oder gar, Gott bewahre, eine Verbesserung des Lebensumfelds der Gesellschaft ist, sondern der eigene Profit. Man sieht das sehr gut an der miesen Qualität der Züge, die an die Bahn geliefert werden, von Stromkonzernen, die lieber Schrottreaktoren des Profit wegens weiter betreiben, als innovative neue Energiekonzepte zu erforschen und generell daran, dass wir Hochschulen und Forschung immer mehr nach wirtschaftlichen Gesichtspunkten messen und damit der Grundlagenforschung, die nicht nach rein wirtschaftlichen Interessen trachtet, immer mehr das Wasser abgraben.

Immer mehr Forscher wandern ins Ausland ab, immer mehr Hochqualifizierte suchen neue Herausforderungen bei den Nachbarn. Warum? Weil bei uns die Manager und Bürokraten und ja, leider auch die Bankmanager, viel mehr über Innovation entscheiden als die Technologen, die um Machbarkeit und Möglichkeit wissen.

Noch gelten wir als Innovationsstandort, aber meiner Ansicht nach sind wir das schon längst nicht mehr und halten nur eine Fassade wie einst die potemkinschen Dörfer aufrecht, damit man in die deutsche Wirtschaft weiterhin investiert. Wirkliche Innovation wandert längst ab. Wir müssen wieder den Ingenieuren, den Technikern, den Informatikern die Macht zur Innovation geben, statt Revision, Rechnungswesen und Shareholdervalue über die Weiterentwicklung unserer Technik, unserer Online und Offline Welt, entscheiden zu lassen. Die größten Innovationen entstanden durch Menschen, die nicht nach Gewinn strebten, sondern nach Verbesserung, Erleichterung und ja, nach Spaß.

Der Spaß muss zurück in die Technik, lassen wir uns nicht den Spaß von geldgeilen Bürokraten verderben. Die besten Entwicklungen sind aus Freude am Experimentieren entstanden. Genau das aber treiben erbsenzählende wirtschaftswissenschaftlich verdorbene Managementfuzzis uns immer mehr aus. Wer ROI und Shareholder Value für wichtiger als Erneuerung, Weiterentwicklung hält, wer Oberflächen und Software mit den Techniken von heute, oder noch schlimmer von gestern entwickeln lässt, wer sich damit brüstet, keinen Computer zu brauchen, oder kein Smartphone, der ist weder besonders intelligent noch modern. Er ist lediglich ein Dinosaurier von gestern, der sein eigenes Aussterben zur Kunst stilisiert.

Lassen wir uns den Spaß am Spiel, am Experiment nicht verbieten. Technik ist da, um genutzt zu werden, auch und gerade für Dinge, für die sie ursprünglich nicht vorgesehen war. Der größte Antreiber für die Entwicklung neuer PC Hardware sind die immer detailreicheren Spiele. Der größte Antreiber für die Entwicklung im Internet sind die kreativen Köpfe, die die Möglichkeiten der Vernetzung und der sozialen Netzwerke ausloten.

Deutschland mag ein Ingenieursland sein. Innovationsland kann man es nur noch immer eingeschränkter nennen. Und daran sind auch die Manager der deutschen Wirtschaft schuld, die Profit vor Innovation und Wirtschaft vor Gesellschaft stellen.

Noch...... denn, vielleicht war occupywallstreet erst der Anfang. Vielleicht braucht es auch ein occupyeconomy und occupybusiness. Damit wieder die Wirtschaft für den Menschen und nicht länger der Mensch für die Wirtschaft da ist. Damit wieder 99 % relevant sind, nicht länger 1 %.

Passend zum Thema Motivation und Spielen berichtete das Wall Street Journal[28]: "Latest Game Theory: Mixing Work and Play".

Wo bleibt denn da der Sinn? Arbeit ohne Sinn oder Sinn neben der Arbeit?

Die Zeit titelt aktuell[29]: Weniger Stress, mehr Sinn... Eine eigentlich berechtigte Überlegung, die man aber zumindest bisher als Arbeitnehmer und als Konsument nicht anstellen durfte. Darf man es eigentlich heute? Ich wage es zu bezweifeln. Technik ist nicht per se schlecht. Aber sie soll das Leben leichter machen, nicht komplizierter.

---

[28] http://online.wsj.com/article/SB10001424052970204294504576615371783795248.html?mod=e2tw
[29] http://www.zeit.de/zeit-wissen/2011/s3/Weniger-Arbeiten

Denn seien wir doch mal ehrlich. Vieles unseres Konsumentenverhaltens und vieles, was in der Wirtschaft geschieht, kann man schon seit langem nicht mehr mit einer tieferen Sinnhaftigkeit erklären. Immer mehr Burnouts, immer mehr Klagen über sinnentleerte Tätigkeiten, reines Profitstreben oder immer höherer Leistungsanspruch bringen Menschen dazu, das System als Ganzes zu hinterfragen. Auch die Bankenkrise hat hier ihren Teil dazu beigetragen durch Banken, die Profite sofort in die eigene Tasche stecken und Verluste viel lieber vom Staat und damit vom Bürger bezahlen lassen.

Eine Kultur der Spitzenleistung vergisst leider viel zu oft, dass niemand Spitzenleistung liefern kann, ohne auf Dauer gesundheitlich Schaden zu nehmen. Selbst Spitzensportler benötigen Ruhephasen. Und was ist so schlimm an einer konstant guten und völlig ausreichenden Leistung, wenn dadurch Gesundheit und Motivation des Einzelnen viel besser geschützt werden.

Aber erst durch die Wiederholung der Krise, durch die Offenbarmachung der Unbelehrbarkeit einer Wirtschaft, die Gewinn und Shareholder Value vor alles stellt, wagen wir es, in der Öffentlichkeit über Themen laut nachzudenken, für die wir vor kurzem noch als Kommunisten abgestempelt und mit der Frage konfrontiert worden wären, ob wir denn die DDR wieder haben wollen.

Es geht ab er vielmehr darum, dass immer mehr Menschen ein System hinterfragen, das offensichtlich materielle Werte und im Moment gar immaterielle, virtuelle Werte wie Börsenkurse vor das Glück derer stellt, für die Wirtschaft eigentlich da sein sollte. Wirtschaft zum Selbstzweck mag ja manchem Manager gefallen, der sich von Chefsessel zu Chefsessel hangelt, stets nur bestrebt, den Gewinn zu steigern, wenig interessiert daran, wie es den Kunden, geschweige denn den Mitarbeitern dabei geht.

Dass jetzt die Wirtschaft zu spüren bekommt, was für Auswirkungen es hat, wenn man eine Kultur und eine Denkweise propagiert, die den vereinzelten Humanressourcenlieferanten vor gesellschaftliche Werte wie Zusammenhalt, nachhaltiges Wirtschaften, Familie und Bildung stellt, das war zu erwarten. Pech nur, dass gerade jetzt der Einzelne darüber nachzudenken beginnt, ob er die Prämissen der Wirtschaft nach stetigem Wachstum, nach immer mehr Besitz überhaupt mitzutragen bereit ist. Denn die Frage, wofür das ganze, kann die Wirtschaft nur mit Blick auf das eigene Unternehmen, nicht aber auf die Gesellschaft beantworten. Zumindest nicht mehr, seit durch Börsencrashs, Immobilienblasen und Finanzmarktkrisen offensichtlich geworden ist, dass schon seit längerem nur noch des Profits wegen gewirtschaftet wird.

Für mich werden sich in den kommenden Jahren deshalb zwei Megatrends ganz deutlich etablieren. Zum einen wird, auch bedingt durch eine Verlagerung des Marktes von einem Arbeitgebermarkt hin zu einem Arbeitnehmermarkt, der einzelne viel selbstbewusster fragen: Will ich den ganzen Stress, will ich eine Karriere, unter der meine Familie, mein Privatleben leidet? Brauche ich all den Plunder überhaupt?

Zum anderen wird man erleben, dass gerade die gut ausgebildeten, gefragten Bevölkerungsschichten, also gerade diejenigen, die in der kommenden Wissensgesellschaft gefragt sein werden, immer mehr die eine, wirklich interessante Frage stellen werden: Was macht meine Tätigkeit für einen Sinn? Muss ich meine Existenz überhaupt aus dem Beruf definieren? Bin ich wirklich ein besserer Mensch, wenn ich täglich Überstunden schiebe und Gesundheit und Privatleben für den Beruf opfere? Wir werden etwas erleben, das die ZEIT mit dem Begriff des Downshifting[30] umschreibt. Nicht mehr alleine für den Beruf leben, Sinn nicht mehr aus dem Beruf definieren, sondern sich viel mehr eigene Freiräume für Projekte und Tätigkeiten schaffen, die einem wirklich am Herzen liegen oder auf der Seele brennen.

Auch das ist meiner Ansicht nach ein sehr wichtiger Aspekt des Arbeitsplatzes der Zukunft. Gute Leistung bedingt auch ein gutes, leistungsförderndes und motivierendes Umfeld. Der Mensch ist mehr als Kostenfaktor und mehr als

---

[30] http://en.wikipedia.org/wiki/Downshifting

Humanressource. Und spätestens in der immer verwobeneren, vernetzteren Welt der sozialen Medien wird die strikte Trennung zwischen Arbeitnehmer, Kunde und Privatperson sich auflösen. Spätestens dann ist es dringend angeraten, auch die Sinnhaftigkeit und die Arbeitsmotivation in den Vordergrund zu rücken.

Kastendenken aufbrechen. Die Kosten von Mauern.

Kastendenken? Hier? Bei uns? Niemals, werden jetzt einige rufen. Aber langsam, nicht zu voreilig. Wer hat es nicht schon erlebt, dass bei der Lösung eines neuen Problems alle Beteiligten IHRE Lösung, da etabliert und funktionsfähig, als die einzig selig machende verkauft haben.

Wer kennt schon wirklich Geschäfte, die an der Lösung MEINES Problems interessiert sind und nicht daran, mir IHR Produkt zu verkaufen.

Und mit ein Teil der Bankenkrise war doch auch, dass an den eigenen Profit, die eigene Firma gedacht wurde, und die globalen Zusammenhänge auch gesellschaftlicher Art, wenn vielleicht auch nicht ignoriert, so doch sehenden Auges in Kauf genommen wurden, um den eigenen Profit zu maximieren.

Schon längst leben wir in einer Welt, in der wir hochgradig vernetzt und voneinander abhängig sind, denken aber immer noch in individuellen und ichbezogenen Kategorien.

Damit lösen wir die anstehenden Probleme, sei es die Finanzmarktkrise, sei es Umweltschutz oder die immer größere Ungerechtigkeit in der Gesellschaft nicht.
Was wir brauchen, ist viel stärkeres interdisziplinäres Denken, Kooperation jenseits von Konkurrenzdenken.

Die sozialen Medien machen es in vielen Bereichen vor, wo Menschen sich zusammentun (crowdsourcen), um ein gemeinsames Ziel zu erreichen. Der Markt wird es schon richten. Diese Theorie ist leider ebenso wenig realistisch wie die Denkweise, wenn ich für mich das Optimum heraushole und das jeder so macht, werden wir alle ein Optimum haben. Völlig falsch, aber manchmal bekommt man den Eindruck. Denn insgeheim denken doch viele "Jeder ist sich selbst der Nächste" oder "wenn ich das nicht mache, macht es ein anderer".

An die Stelle von Egoismus, Karrieredenken und Konkurrenz muss meiner Ansicht nach ein Denken in Netzwerken, in größeren Zusammenhängen stehen. Und das hat nichts, aber auch gar nichts mit Kommunismus oder Antikapitalismus zu tun. Sondern letztlich mit einer adäquaten Antwort auf die komplexe, hochgradig vernetzte Welt, in der wir heute leben. Wer diese Vernetzung zu Gunsten seines eigenen Profits und Erfolgs ignoriert, wird zwangsläufig früher oder später abgestraft. Strahlendes, wenn auch unschönes Beispiel : Die Finanzkrise.

Innovation ist wie Pilzezüchten

Dieser Vergleich klingt vielleicht auf den ersten Blick merkwürdig. Aber Pilze zu züchten und Innovation voranzutreiben hat schon Gemeinsamkeiten. Was ich immer wieder beobachtet, gelernt und selbst erlebt habe ist, dass Innovation, so sie wirklich innovativ und nicht nur evolutionär verändernd sein soll, große Freiheitsgrade braucht.

Wenn hinter dem Innovator zu Beginn schon das Management steht, mit Terminen und Kosten droht und als Bedenkenträger für die Akzeptanz funktioniert, dann wird keine Innovation stattfinden, dann wird maximal Bestehendes modifiziert.
Innovation soll immer auch ablösen bzw. ganz neu erfinden. Und dafür bedarf es der Möglichkeit, gesetzte Rahmen auch einmal zu verlassen. Die größten Innovationen entstehen nicht nach einem vorgegebenen Projektplan, sondern in der Freiheit, nicht auf irgendwen sonst hören zu müssen, eine Idee, so verrückt sie klingen mag, verfolgen zu dürfen.

Und ganz wichtig, Innovation muss es auch erlaubt sein, komplett zu scheitern. Alle großen Erfinder hatten eine Vielzahl von Misserfolgen zu verkraften, bevor die wirkliche Innovation zu Tage trat. Unternehmen wie Google haben das erkannt und bieten deshalb entsprechende unreglementierte Freiräume innerhalb des Arbeitsalltags an. Und das ist ein weiterer Aspekt, der wichtig für Innovation innerhalb des Unternehmens ist. Wer nicht die Freiräume während der Arbeitszeit bekommt, aber hochgradig innovativ denkt, wird sich früher oder später vom Arbeitgeber entkoppeln und im schlimmsten Fall Innovation außerhalb und wie die Pilzzucht versteckt und im Dunkeln weitertreiben.

Durch den technologischen und gesellschaftlichen Wandel und dessen zunehmende Beschleunigung gilt auch ein weiteres Argument nicht mehr: Mein Unternehmen muss nicht so innovativ sein. Da sage ich klar FALSCH. Wir leben zunehmend in einem Wirtschaftsumfeld, in dem auch bedingt durch die sozialen Netze, die Firmen und ihre Produkte austauschbar werden. Schon heute fällt es mir schwer, z. B. auf der Autobahn ein Fahrzeug von Hersteller A vom Fahrzeug der gleichen Klasse von Hersteller B zu unterscheiden. Hier gilt es für JEDEN, innovative Konzepte zu entwickeln, die das Unternehmen und seine Produkte oder Dienstleistungen herausstechen lassen.

Die Innovation, die ich in meinem Unternehmen versäume, geschieht früher oder später bei der Konkurrenz. Wir sind nicht mehr durch die Produkte, sondern durch den Service und das Image verschieden. Und hier braucht es innovative Konzepte, um diese Unterschiede auch in Zukunft zu pflegen und auszubauen.

Schnell, billig aber nicht gut

Erschütternde Nachrichten in den Medien über Frühchen, die wegen mangelnder Hygiene gestorben sind, lassen mich wieder darüber nachdenken, ob wir nicht in manchen Bereichen mit dem industrialisierten, auf Rendite und Kostenersparnis fixierten Denken wieder aufhören sollten. Nicht jeder Bereich kann bzw. darf rein nach wirtschaftlichen Gesichtspunkten geführt werden. Gerade in Bereichen, in denen die Institutionen auch eine gesellschaftliche Aufgabe erfüllen, sollte der Hauptfokus darinliegen, die Aufgabe so gut wie möglich zu erfüllen und mit so viel Personal wie optimal, nicht wie minimal notwendig.

Aber auch in anderen Bereichen der Wirtschaft täte es ganz gut, wieder realistischere Zielvorgaben und Kostenrechnungen aufzustellen. Denn auch hieraus resultieren Burn Out, fehlerhafte Produkte oder unzufriedene Kunden. Qualität hat ihren Preis und braucht ihre Zeit. Insofern interessant finde ich das wieder steigende Interesse an individualisierten Produkten, deren Produktion durchaus auch etwas Zeit kosten darf.

Wer ständig unter Zeit und Kostendruck arbeitet, macht zwangsläufig mehr Fehler, weil niemand permanente Spitzenleistung unter voller Konzentration bringen kann.

Wir sollten alle versuchen, wieder eine Kultur der Zeit einzuführen, Dinge richtig und gut zu tun, statt schnell und billig. In der Zeit, als wolle man meinen Eindruck unterstützen, findet sich ein Artikel über Burn Out beim Hochschulpersonal. Und der Bericht eines Experten zum Thema Soziale Beschleunigung, der die individuelle Verweigerung propagiert, um aus dem Teufelskreis des immer mehr zu entfliehen.

Das mag in bestimmten gefährdenden Situationen mit hohem Stresspotential eine Lösung sein, führt aber meiner Ansicht nach bei vielen dazu, dass sie letztlich innerlich kündigen. Das ist ein für das Unternehmen nicht sichtbarer Schaden, der erst dann auffällt, wenn bei der nächsten Umstrukturierung plötzlich diverse Keyplayer kündigen. Und dann ist es zu spät. Die Gefahr besteht immer mehr, dass wir gerade unsere wichtigste Ressource, uns
selbst im Dienste von Beruf und Rendite verbrennen. Spätestens wenn wir in Rente oder im schlimmsten Fall in die Arbeitsunfähigkeit entlassen werden, sind nur noch wir es, die damit zurechtkommen müssen. Der Wirtschaft ist es egal. Wir selbst müssen die Verantwortung für unsere Gesundheit übernehmen. Und das heißt auch NEIN zu sagen und den Versuch zu unternehmen, das Bewusstsein in

die Öffentlichkeit und ja, auch in die Chefetagen zu tragen, dass endlose Renditesteigerungen und immer höhere Leistungsforderungen letztlich irgendwann zum Zusammenbruch des Systems führen.

Der Motor läuft quasi immer schneller und besser... Bis er explodiert.

Mobil in der Zukunft? Mobil in die Zukunft!

Ein Tag in der Zukunft!

2031: Morgens um 8:30, mein Smartphone weckt mich aus dem Schlaf, projiziert mir die neuesten Nachrichten des Morgens, das Wetter für den Tag und meine persönlichen Twitter und Twoice Nachrichten an die Wand bzw. liest sie mir vor. "Hallo Uwe, Peter hier, wir treffen uns heute Nachmittag in Berlin, du weißt schon, die Präsentation über die neuen Infoagenten."

Richtig, der Termin heute. Zu meinem Smartphone gewandt sage ich: "Stell mir meine Unterlagen sowie die neuesten News und Tweets zu dem Thema bitte zusammen und leg sie mir auf meinem Medienserver ab." "Geht in Ordnung, Uwe" antwortet mein Smartphone und informiert mich noch: "Und heute Abend nicht vergessen, die Videokonferenz mit zu Hause". "Klar, du hast bereits den Termin eingestellt?"
"Selbstverständlich Uwe, ich erinnere dich eine halbe Stunde vorher, wenn du möchtest." "Mach das".

Ich stehe auf, geh ins Bad und höre dabei, dass meine Frau bereits in ihrem Büro arbeitet. Auf dem Spiegel erscheinen ein paar aktuelle Informationen zum Wetter in Berlin und unten blendet mein Smartphone meinen eigenen Twitterstream ein. Eine kurze Geste in Richtung der Leiste lässt einen Tweet hervortreten. Ich diktiere eine kurze Antwort, die mein Smartphone sofort überträgt und die kurz darauf in der Tickerleiste am Spiegel erscheint. Schon praktisch, diese vernetzten Raumdisplays.

Kurz Besuch bei meiner Frau im Heimbüro. "Guten Morgen, Schatz." Sie schaltet die Videokonferenztapete auf Standby und gibt mir einen Guten Morgen Kuss." "Na, was meinst du, wann bist du in Berlin?" "Ich denke, wenn der ICX pünktlich ist in 2 Stunden." "Alles klar, ruf dann kurz durch oder schick mir einen Tweet". "Mach ich, und bis morgen früh. Ich fahr dann gleich los". Sie schaltet die Videokonferenztapete wieder an, und im nach draußen gehen erhasche ich noch einen Blick auf das Büro, das die Tapete in ihr Heimbüro überträgt. Schon ne praktische Sache, diese Tapeten, dabei sind die jetzt auch schon mind. 8 Jahre alt. Hätte ich nicht gedacht, dass sich elektronische Tinte einmal so weiterentwickeln würde, ab er mittlerweile muss man schon sehr genau hinschauen um zu erkennen, daß man nicht einen realen Raum sondern nur eine Projektion sieht.

Mittlerweile hat mir mein Smartphone die Daten für die Präsentation zusammengestellt und meine Präsentation mit den neuesten Daten aktualisiert. Auf dem Weg nach draußen lasse ich mir noch ein paar weitere Tagesnachrichten auf mein Headset vorlesen und diktiere ein paar Tweets. Das Elektrotaxi bringt mich zum Bahnhof, wo ich mit meinem Smartphone am Zug einchecke. Seitdem die Fahrkarten nur noch elektronisch verteilt werden, brauche ich mir auch keine Sorgen mehr um vergessene Tickets zu machen, im Zweifel buche ich sie direkt vor dem Zug am Smartphone.

Im Abteil packe ich die Dockingstation aus und stecke das Smartphone in den Dockingslot. Schon erwacht das Multitouch Display, und ich beginne auf meinem Tabletbook zu arbeiten. Schließlich will ich noch etwas eigene Recherche für einen Blogartikel machen. Mir gegenüber sieht ein Passagier auf einem DIN A3 großen Unfold Videoschirm einen Kinofilm, während mir gegenüber eine Frau auf einem Tablet offensichtlich eine Mediazeitung liest. Ich muss grinsen, denn in meiner Jugend waren solche animierten Zeitungen noch eher etwas für Romane über jugendliche Zauberer.

Am Bahnhof in Berlin angekommen wartet schon ein Taxi auf mich, auf dessen Seitenscheiben mein Name eingeblendet ist und das mein Smartphone kurz vor der Ankunft in Berlin für mich gebucht hatte. Währenddessen sendet mein Smartphone einen Tweet nach Hause auf den Direktkanal meiner Frau und informiert sie über meine Ankunft. Im Hotel angekommen, aktiviert mein Smartphone den Hotelbildschirm und sammelt für mich ein paar Informationen zu Wetter und Verkehrslage in Berlin und stellt ein mögliches Abendprogramm nach meinen Interessen zusammen.

Via Foursquare sehe ich auch, dass Peter in einem Hotel in der Nachbarschaft eingecheckt hat. Da dieses auch mit Videokonferenzleinwänden ausgestattet ist, rufe ich dort kurz an und wir besprechen direkt die Präsentation an der Großbildtapete und gehen noch mal die wichtigsten Punkte durch.

Kurz darauf treffen wir uns in der Lobby des Unternehmens. Dort werden wir bereits von einem Firmenvertreter erwartet, der ebenfalls via Foursquare business services von unserer Ankunft informiert wurde.

Der Vortrag gestaltet sich einfach, per Videotapete sind Niederlassungen in China und Taiwan zugeschaltet, was den Raum dank der hohen Projektionsqualität gleich dreimal so groß wirken lässt.

Später im Hotel rufe ich zu Hause an, mein Smartphone hat mich ja rechtzeitig informiert, und via 3D Laserprojektion erscheinen meine Kids und meine Frau quasi direkt bei mir im Raum. Wir erzählen uns von unseren Erlebnissen des Tages, ich spiele mit den Kids via Videotapete noch für eine Weile ein Multiuserstrategiespiel und nachdem wir uns verabschiedet haben, genieße ich das weiche warme Bett und schaue mir noch einen Kinofilm an, während mein Smartphone alle Buchungen für die morgige Rückreise
vornimmt und dann wie ich in den Ruhezustand geht. Lediglich eine sacht an der Videowand schimmernde Uhr zeigt, dass das Smartphone weiterhin aktiv ist und für mich im Netz surft, interessante Nachrichten sammelt und während ich schlafe meine persönliche digitale Infozeitung für den nächsten Morgen zusammenstellt.

Querdenker, ein Definitionsversuch

Was heißt eigentlich Querdenker? Nachdem in der Facebook Gruppe zur Arbeitswelt der Zukunft eine heiße Diskussion über Sinn und Unsinn des Querdenkens gestartet ist, wollte ich für mich den Begriff jetzt doch mal definieren. Achtung: Das ist eine rein subjektive Definition dessen, was ICH unter einem guten Querdenker verstehe:

1 Er hinterfragt Prozesse auf ihre Sinnhaftigkeit

Nur, weil etwas schon immer so gemacht wurde, muss es nicht richtig sein. Querdenken heißt, Handlungsweisen immer wieder auf den Prüfstand stellen, ob sie in der gegebenen Situation noch sinnhaft und nützlich sind.

2 Er hinterfragt auch Neuerungen

Querdenken heißt NICHT, ständig neue Konzepte zu entwickeln, neue Ideen zu produzieren. Querdenken kann auch heißen zu hinterfragen, ob es wirklich sinnvoll ist, etwas zu erneuern. Nicht immer ist Veränderung das Optimum. Ein Querdenker will nicht um des Erneuerns Willen erneuern.

3 Ein Querdenker weiß, dass er nicht alles weiß, aber er kennt die Quellen

Wenn ein Querdenker vor ein Problem gestellt wird, das er nicht selbst lösen kann, hat er ein Netzwerk aus Experten, Quellen und Ressourcen, die er anzapfen kann bzw. denen er ggf. auch das Problem oder die Aufgabe vermitteln kann. Dabei schränkt er sich nicht auf ein Gebiet ein, sondern sucht auch in anderen Themenfeldern nach einer Lösung.

4 Ein Querdenker liebt Kritik

Es ist eher Anregung für einen guten Querdenker, wenn seine Idee hinterfragt wird oder man sie zerpflückt. Denn dann lernt er, dass entweder seine Konzepte falsch, nicht ganz ausgegoren oder schlicht zu komplex waren. Querdenker bestehen nicht darauf, recht zu haben, sie wissen oft auch, wann sie den Mund halten müssen. Aber sie wissen auch, wer in welcher Frage der Richtige ist (siehe Punkt 2).

5 Querdenker denken nicht mit Tunnelblick

Ein guter Querdenker sucht Inspiration in vielen Gebieten. Er ist nicht nur Informatiker, Referent und Autor, sondern letztlich Erfahrungssammler mit dem Hintergedanken, dass jede Erfahrung, jedes neue Wissen irgendwann sinnvoll sein kann.

6 Ein Querdenker hinterfragt nur dann Hierarchien, wenn das notwendig ist

Optimalerweise nutzt ein Querdenker bestehende Hierarchien, um Verbündete zu finden, eine Lobby aufzubauen oder denjenigen zu aktivieren, der in der spezifischen Problemstellung der Richtige ist.

7 Ein Querdenker ist tolerant

Quer zu denken heißt, stets auch andere Meinungen anzuhören, zu akzeptieren und zuzugeben, wenn man unrecht hat. Der Status Quo bedeutet, sich nicht mehr zu entwickeln.

8 Ein Querdenker ist ein soziales Wesen

Da ein Querdenker weiß, dass er nicht alles weiß und nicht alles kann, sucht er sich Netzwerke aus Gleichgesinnten, mit denen er in beständigem Austausch steht. Insofern sind die sozialen Netze der ideale Nährboden für eine Vernetzung mit Inspiratoren, anderen Querdenkern oder Unterstützern.

9 Ein Querdenker ist niemals Einzelkämpfer

Einzelkämpfertum bedeutet Isolation, und das ist gerade für neue Ideen tödlich, die ja erst dann einen guten Nährboden finden, wenn sie auch von einer großen Gruppe von Menschen als eine gute Strategie
empfunden werden.

10 Querdenker sind anstrengend

Das ist Fakt. Denn sie hinterfragen, sie akzeptieren kein "Das ist nun mal so" und kein "das haben wir schon immer so gemacht". Sie spielen auch mal den Advocatus Diaboli, haben den Kunden im Blick, wo sie nur ans Produkt denken sollten, fragen auch mal "warum muss das geändert werden", wenn ihnen die Sinnhaftigkeit des ganzen nicht ersichtlich ist. Aber sie bieten auch Alternativen an. Denn sie hören nicht beim Kritisieren auf, sie bieten auch immer eine eigene Lösung an oder kennen jemanden, der in einem Kontext weiterhelfen kann. Sie kritisieren zwar gerne, aber konstruktiv.

Das ist meine Sicht auf einen guten Querdenker. Ich würde mich über Kommentare, Ergänzungen und Kritik sehr freuen.

Begeisterung, Widerstände und der Irrtum der anderen

Immer wieder treffe ich auf Menschen, die meine Begeisterung für ein Thema schlecht machen wollen, mir vorwerfen, ich würde darüber die negativen Seiten nicht sehen oder alles durch eine rosa Brille betrachten.

Mit nichts lägen diese Kritiker mehr daneben. Vielmehr gilt:

Die Annahme, Widerstände würden einen von einer Sache begeisterten Menschen demotivieren, ist völlig falsch. Das Gegenteil ist der Fall; wahre Begeisterung wächst an den Widerständen. Nur wahre Begeisterung vermag auch schwere Widerstände zu überwinden.

Würde man mich fragen, wen ich in ein Projektteam mit aufnehmen würde, so wären das eben diese Menschen, die begeistert sind von einer Sache, die für eine Idee brennen. Denn für diese Menschen ist kein Widerstand unüberwindlich, keine Hürde zu groß. Sie sind Idealisten, sie stellen die Sache vor die eigene Person. Deshalb aber streben solche begeisterten Menschen auch nicht nach Macht, sondern wollen ihre Idee, ihre Vision realisiert sehen.

Das einzige, was man bei solcher Begeisterung als Team- oder Projektleiter stets im Auge behalten sollte: Vor lauter Brennen für die Idee dürfen solche Menschen nicht ausbrennen. Das heißt nun aber nicht, ihnen die Arbeit zu reglementieren, oder Zeiten für die Arbeit vorzugeben. Vielmehr ist hier wichtig, Freiräume zu schaffen, Rückendeckung zu geben und vor allem, die Begeisterung anzuerkennen und sie in ihrem manchmal konfliktbeladenen Handeln zu unterstützen. Denn wer einen Wandel vorantreiben will, wird schnell in Konflikt geraten mit den Ewiggestrigen, den Menschen, die Angst vor jeder Veränderung haben, die mit den immer gleichen "Früher war das einfacher" und "Das haben wir immer schon so gemacht" Sprüchen kommen.

Wir haben immer noch eine Tendenz, diejenigen, die durch Begeisterung, Engagement und Idealismus auffallen, in das strenge, klassische Managementschema des "Durchschnittsmitarbeiters" pressen zu wollen.
Erst wenn wir begreifen, dass jeder Mitarbeiter mit seiner Persönlichkeit geachtet werden sollte, anstelle alle gleichmachen zu wollen, wird auch jeder mit SEINEN oder IHREN Talenten aktiv werden können. Und hier wird es auch Zeit, dass Betriebsräte und Gewerkschaften von dem ewigen Gleichmacherdenken wegkommen.

Es ist eigentlich immer dasselbe. Sprüche wie: "Du musst ja Zeit haben!" oder auch "Na? Schon wieder ein neues Spielzeug?" zeugen von der Unfähigkeit, mit einem begeisterten Menschen, der sich noch wirklich für etwas interessiert, vernünftig umzugehen

Wer genug Zeit hat, Bildzeitung zu lesen oder jeden Tag mehrere Stunden Fernsehberieselung zu ertragen, der sollte sich besser hüten, jemanden schlecht zu machen, der mit Begeisterung etwas Sinnvolles aus seiner Zeit macht.

Hochbegabung kann die Karriere gefährden

Provokant titelt die ZEIT: [31]Zu schlau fürs Büro Arbeitgeber suchen intelligente Mitarbeiter. Hochbegabte aber stoßen in den meisten Unternehmen auf Schwierigkeiten.

Was auf den ersten Blick arrogant wirkt, ist ein tatsächliches Problem. Denn wer "anders" denkt als der Durchschnitt, der fällt auf. Und das meist negativ. Ich kann aus eigener Erfahrung sagen (ja, ich habe mal einen Test gemacht und ja, ich kenne meinen IQ ;)), dass Neugierde und das Interesse, immer wieder etwas anderes zu machen, im Bürojob oft eher zu Problemen führt. Da heißt es, man sei sprunghaft, unordentlich, bringe nichts zu Ende. Dabei gilt hier wie so oft, da wird offensichtlich ein Mitarbeiter nicht entsprechend seinen Fähigkeiten und Talenten eingesetzt. Auch Hochbegabte sind bereit zu Routinetätigkeiten, wenn diese nicht den gesamten Alltag beherrschen. Oder anders gesagt, man muss sich auf den Menschen einlassen und nicht beständig versuchen, jeden in die eigenen Normen von "richtigem" Verhalten zu pressen.

Hier können sie sich mit den Querdenkern die Hände reichen (ich behaupte sogar, oft sind gerade die Querdenker diejenigen, unter denen die meisten Hochbegabten zu finden sind). Natürlich gibt es einen "War for Talents", aber sobald das Unternehmen dann ein Talent, eine Begabung gefunden hat, sollte man auch an die weitere Förderung denken. Sonst versauert das Talent und im schlimmsten Fall wechselt der Mitarbeiter das Unternehmen.

Auch wenn viele das meinen, in der heutigen Gesellschaft mit den Denkweisen, wie sie aktuell sind, hat man als Hochbegabter eher Probleme als Chancen. Schon in der Schule wird oft nicht individuell gefördert, und sich zu einer Begabung offen zu bekennen oder sie auszuleben, stößt eher auf Ablehnung. Begeisterung ist nicht negativ, aber die Gesellschaft stellt sie oft so dar. Und offen zu einer Begabung zu

---

[31] . http://www.zeit.de/2011/45/C-Hochbegabte

stehen, wird ebenfalls eher ungern gesehen und oft mit "Du hältst dich wohl für was Besseres" oder "Lern du erst mal ordentlich arbeiten" goutiert.

Und eine Sache hat mich dann doch zum Lächeln gebracht, nämlich der Satz im Text: "Da mag das schnelle und sehr kompakte Reden, das Rasmussen bei vielen Hochbegabten erlebt, noch das geringste Problem sein.". Na ja, die meisten haben bei mir gerade mit der Redegeschwindigkeit so ihre Probleme.

Hyperspezialisierung als Trend der Zukunft

Laut Harvard Business Manager steht das [32]Zeitalter der Spezialisten bevor. Das erwarte ich auch, wenn ich mir die Entwicklung gerade in den Wissensberufen ansehe. Immer komplexere Systeme verlangen immer mehr Wissen. Da kann der Einzelne zwangsweise nur einen kleinen Teil abdecken. Das soll aber nicht heißen, dass ich die Fachidiotie in Höchstform erwarte. Vielmehr wird es so sein, dass sich von Projekt zu Projekt Talente zusammenfinden, die sich in einem bestimmten Bereich des ganzen hervorragend auskennen oder willens sind, sich genau hier einzuarbeiten. Dort übernehmen sie dann nur eine ganz kleine, definierte Microaufgabe, wie z.B. Debugging, Coding einer Oberfläche oder Texterstellung.

Das kann von Projekt zu Projekt variieren, bedingt aber eines. Endlich ein Abschied vom Denken in Arbeitszeit. Hier wird nur noch das Arbeitsergebnis relevant. Und durch Hyperspezialisierung kann ein Experte in einem Gebiet parallel in vielen Projekten agieren.

Insofern eine interessante wenn auch für das Management bedrohliche Vorstellung, da dies auch viel mehr Freiräume für den Mitarbeiter bedingt, der quasi angestellter Freiberufler ist und sich auf so etwas wie einer Talentbörse mit seinen Fähigkeiten melden bzw. nach entsprechenden Microaufgaben suchen kann.

---

[32] http://www.harvardbusinessmanager.de/heft/artikel/a-781762.html

Das interessante für mich: Es ist nicht mehr relevant, welche Titel jemand hat, welche Zertifikate, sondern ob er die gerade wichtige Microaufgabe erledigen kann. So kann jemand, der eigentlich Softwareentwickler ist, aber ein Talent für eine Fremdsprache hat, eine Microaufgabe im Bereich Übersetzung übernehmen. Wieder jemand anderes kann z. B. Fehler im Code bereinigen, obwohl er eigentlich Designer ist, weil er sich gerade für diese Programmiersprache begeistert. Damit kommen auch versteckte Talente in einem Unternehmen zum Vorschein. Ein wichtiger Punkt, gerade heute mit der Diskussion um den "War for Talents".

Die Süddeutsche definiert 10 Trends für die Arbeitswelt von morgen. Ein Kommentar

Unter dem Titel „Zehn Trends in der Berufswelt, Chef ist, wer das Projekt betreut"[33] stellt die Süddeutsche zehn Thesen zur Arbeitswelt der Zukunft auf. Da sie damit genau mein Spezialthema des Tages anreißt, möchte ich hier die von der Süddeutschen aufgestellten Trends kurz beleuchten und bewerten.

Die Mobilität

Definitiv ein wichtiger Punkt, wobei es hier zwei Aspekte gibt. Zum einen wird Mobilität gebetsmühlenartig von immer mehr Unternehmen gefordert, zum anderen ist sie aber auch gerade in den Wissensberufen dank Telearbeit, hochwertigen Videokonferenzen und Desktop Sharing immer häufiger überflüssig. Dieser Bereich hat zwei Komponenten, die sich oft gegenseitig das Leben schwer machen. Zum einen verlangen ganze Wirtschaftszweige nach einem sesshaften Leben, nach einem Haus, einer Einbindung in die sozialen Strukturen. Zum anderen sollen wir alle hypermobil sein, soll Pendeln kein Problem sein, auch wenn das sowohl der Gesundheit als auch der Umwelt schadet. Hier ignoriert man meines Erachtens oft die negativen Auswirkungen einer hypermobilen Gesellschaft.

Das Wissen

---

[33] . http://www.sueddeutsche.de/karriere/zehn-trends-in-der-berufswelt-wie-wir-morgen-arbeiten-1.1221247-2

Wissen ist sicher ein wichtiger Faktor. Wir arbeiten in einer immer stärker auf Wissensarbeit fokussierten Gesellschaft. Wobei dies natürlich nicht bedeutet, dass Handwerk und Dienstleistungen z. B. im Gesundheitsbereich überflüssig sind, ganz im Gegenteil, aber es wird eine Verschiebung in Richtung Wissensarbeit stattfinden. Nur sind wir, und da greift ein weiterer Punkt des Spiegel-Artikels, darauf eigentlich nicht wirklich vorbereitet. Der klassische Nürnberger Trichter hilft uns in einer Zeit, in der die Informationsmenge von Tag zu Tag steigt, nicht mehr weiter. Wir brauchen neues Wissen, Wissen, wie ich Informationen bekomme, Wissen, dass ich auch mal querdenken muss, um auf neue Lösungen zu kommen. Und da sehe ich unsere momentane Bildungspolitik nur unzureichend vorbereitet.

Die Dienstleister

Wie beim Wissen beschrieben, es werden weiterhin Dienstleistungen gefordert sein, aber in spezifischen Bereichen. Vielfach wird die Dienstleistung vom Kunden selbst erledigt. Betrachten wir nur einmal die Selbstscan Kassen in diversen Supermärkten. Oder auch die gesamten SB Angebote an sich. Ich hebe mein Geld mittlerweile zu 100 % am Automaten ab und mache mehr als 90 % meiner Bankgeschäfte online.
Dienstleistung wird sich auf bestimmte, vor allem soziale Dienstleistungen eingrenzen, diese werden aber an Bedeutung gewinnen und dementsprechend auch teurer werden (müssen).

Neue Arbeitsverhältnisse

Da stimme ich voll zu. Ich sehe in der Zukunft den festen 9-17 Uhr Job bei einem Arbeitgeber als Auslaufmodell. Verschiedene Modelle sind hier denkbar, vom echten Freiberufler bis zum angestellten Mitarbeiter, der aber auch an andere Unternehmen "geliehen" wird. Hier hängt viel von der Flexibilität der Arbeitnehmer UND der Offenheit von Betriebsräten, Gewerkschaften und Vorständen ab. Neue Wege gehen, ohne dabei nur die Humanressource Mitarbeiter auszubeuten, ist ein spannendes, aber wichtiges neues Feld, gerade mit Blick auf den "War for Talents".

Die Selbstvermarkter

Schon heute bin ich als Blogger, als Autor unterwegs, gehe auf Konferenzen und halte Vorträge, obwohl ich eigentlich Softwareentwickler bei einem IT Dienstleister bin. Warum? Selbstvermarktung. Ich will meine Skills offen zeigen und das wird ein Punkt werden, der in Zukunft die starren Titel und Abschlüsse ersetzen wird. Wichtig ist nicht, was ich einmal gelernt habe, sondern was ich jetzt und hier an Skills zu bieten habe. Und das will vermarktet sein. Wissen verändert sich, und damit müssen auch wir uns beständig verändern in dem was wir wissen, was wir können.

Die Demographie

Neueste Forschungen zeigen, dass auch im höheren Alter der Mensch sich durchaus noch wandeln kann, dass Neues gelernt werden kann. Die Unternehmen müssen sich auf die alternde Belegschaft einstellen, sowohl durch Angebote, um die Gesundheit zu erhalten aber auch, in dem sie ggf. das wertvollste endlich länger nutzen, das ältere Mitarbeiter zu bieten haben: Erfahrung, Gelassenheit und den Blick aufs Ganze.

Der Fachkräftemangel

Ja, es gibt ihn, den Fachkräftemangel, aber das ist meiner Ansicht nach weniger ein demographisches als ein Problem der mangelhaften Ausbildung. Wenn ich es nicht schaffe, Berufe attraktiv zu machen, für die ich Menschen brauche, sollte ich mich als ausbildender Betrieb oder Unternehmen immer AUCH fragen, warum das Image so schlecht ist. Wir erleben eine Gesellschaft, die auch wieder auf andere Werte schaut außer Karriere und Geld. Die vor Augen geführt bekommen hat, was Gier und unbedingtes Machtstreben mit der Gesellschaft anrichten können. Ich spreche zurzeit mit vielen Menschen, die nicht mehr bereit sind, täglich

Überstunden zu arbeiten, die auch noch ein Privatleben wollen, die Kinder aufwachsen sehen wollen und nicht nur ins Bett bringen. Ein Mangel ist immer auch selbstverschuldet. Indem man zuvor nicht vernünftig in die Zukunft geplant hat. Und hier sollte man sich auch immer vor Augen halten: Wird wirklich für z. B. eine Krankenschwester, eine Altenpflegerin nicht nur ein ausreichendes, sondern ein gutes und vor allem ein moralisch korrektes Gehalt bezahlt? Wenn ich den Lohn einer Krankenschwester mit dem eines Investmentbankers vergleiche.... Muss ich mehr sagen?

Die Bildung

Was meint die Süddeutsche hier? Meint sie wirklich Bildung? Oder doch wieder nur Ausbildung, vorbereiten für den Arbeitsmarkt? Vermutlich letzteres, denn der gebildete Mensch hinterfragt auch, ist kritisch, denkt nach und das ist oft auf dem Arbeitsmarkt eher nicht erwünscht. Bildung heißt, auch philosophische Fragen stellen, heißt auch Gesellschaftskritik üben. Insofern ja, wir brauchen Bildung in der Zukunft, aber ob das das Credo des Arbeitsmarktes sein wird, da habe ich so meine Zweifel.

Das weibliche Potential

Eigentlich traurig, so etwas noch erwähnen zu müssen. Aber offensichtlich sind wir immer noch weit von der Gleichberechtigung entfernt, wobei das Gehalt hier nur ein Aspekt ist. Gerade in einer vernetzteren Welt, die mehr auf Teams setzt, sind auch weibliche Stärken gefragt. Wobei wir einen Fehler nicht begehen dürfen, nämlich uns zu sehr auf das "nur Erwerbsarbeit ist richtige Arbeit" zu beschränken. Denn genau deshalb sind meines Erachtens heute noch meist die Frauen eher zu Hause und die Männer eher im Beruf, auch wenn beide gleich viel verdienen. Wir müssen uns endlich von klassischen Rollen- und Denkmustern verabschieden und dazu gehört auch zu akzeptieren, dass auch die Erziehung von Kindern, sei sie durch den Vater, die Mutter oder arbeitsteilig durch beide geleistet eine richtige und ernstzunehmende Arbeit ist. Die Medien und die Politik heute vermittelt eher das Bild, dass die gute Mutter, der gute Vater die Kinder so bald als möglich in

Betreuung gibt, um wieder dem Arbeitsmarkt dienlich sein zu können. Und zwar außer Haus. Warum denken wir nicht mehr über Telearbeit für junge Familien nach, so dass es die großen Probleme mit Krippenplätzen und problematischen Arbeitszeiten gar nicht gibt? Auch hier ist Querdenken gefragt, sind viele überkommenen Denkweisen zu hinterfragen.

Der Weltmarkt

Ist das nicht der Schuldige an allem? Nicht wirklich, denn es bieten sich auch Chancen, wenn wir global denken UND handeln. Aber dazu braucht es auch neue Arbeitsmodelle, denn wenn die Arbeit global erledigt wird, muss das nicht zwangsläufig heißen, dass jeder Mensch auch dorthin ziehen muss, wo der Sitz des Global Players ist. Hier verbinden sich einige der Aspekte der vorigen Punkte zu einer Melange aus alternativen Modellen von Arbeitsplatz/Arbeitszeit und Sicht auf die Festanstellung. Was genau hindert mich heute, für einen Softwaredienstleister in den USA oder in Indien oder in Australien zu arbeiten? Technologisch nichts, denn alles was ich brauche ist eine breitbandige Internetanbindung und einen Entwicklerrechner. Aber was noch hindert sind die kulturellen Unterschiede, ist auch und da muss ich einigen Sprachfanatikern die rote Karte zeigen, die uns permanent zum Verwenden des deutschen Begriffs für englische Fachwörter zwingen wollen, ist also auch das in großen Teilen der Gesellschaft noch vorherrschende Defizit, zumindest die Weltsprache Englisch wirklich zu beherrschen und nicht nur mit Müh und Not zu verstehen. Je globaler wir werden, umso wichtiger wird es, mit einer Zunge zu sprechen. Wir können es mögen oder nicht, Englisch ist nun mal die Weltsprache, die in allen Ländern verstanden wird. Auch hier ist Bildung, ist kultureller Wandel gefragt. Das Neue tun heißt ja nicht, das Alte lassen müssen.

Meine 10 Megatrends der nächsten zehn Jahre

Da wir dem Jahresende entgegen gehen und es dann immer wieder Zeit wird, dass sich die Fachmagazine mit ihren Prognosen über die Trends der nächsten Jahre auszustechen versuchen, hier mal meine Prognose, die eher versucht, das weiterzudenken, was heute bereits technisch möglich ist.

1. Senior IT:

Wir erleben alle den demographischen Wandel, hier sehe ich den Wachstumsmarkt der nächsten Jahre. Technologien, die älteren Menschen helfen, ihr Leben nicht nur zu meistern, sondern mit Komfort stattfinden zu lassen. Hier eine gesunde Balance zu finden, wird eine der großen Herausforderungen für Mitarbeiter wie für die Personalabteilungen der Unternehmen.

2. Roboter werden alltäglich:

Damit sind nicht zwangsläufig humanoide Roboter gemeint, aber intelligente Haushaltshelfer, wie sie schon heute in der Form von Roboterrasenmähern und Roboterstaubsaugern in Privathaushalten Einzug halten. Roboter werden in Zukunft auch in anderen Bereichen Dienstleistungen übernehmen. Wenn man nach Japan blickt, sind die Perspektiven gerade auch in der Pflege vielfältig.

3. Bionik als neue Schlüsseltechnologie:

Die Medizin wird sich im Bereich der Bionik stark weiterentwickeln. Exoskelette, Implantate, die es bislang bereits ermöglichen, das Blinde wieder Formen und Schattierungen erkennen, werden sich weiterentwickeln. Es wird möglich seine, bislang unheilbare Behinderungen zwar vielleicht nicht zu heilen, aber das Leben mit der Behinderung deutlich zu vereinfachen.

4. Makerbots für jedermann:

Bislang eher eine exotische Erscheinung, werden sich in zukünftigen Haushalten gerade für die Produktion einfacher Gebrauchsgegenstände 3D Printer, sogenannte

Makerbots etablieren. Da nach meiner Prognose die Preise drastisch sinken werden, kann sich in Zukunft jeder neben seinem Drucker oder gar als Multifunktionsgerät und Ersatz eines einfachen Druckers einen Makerbot leisten. in begrenztem Maß wird es dadruch auch dem Privatmann möglich, einfach Produkte für den täglichen Bedarf wie Tassen, Gläser oder ähnliches selbst zu produzieren. Durch die Weiterentwicklung der Technologie werden die möglichen Objekte komplexer werden. Hier gilt es zu beobachten, welche neuen Möglichkeiten in den 3D Druck noch integriert werden.

5. Intelligente Häuser:

Immer mehr IT wird sich nahtlos in das Haus der Zukunft integrieren. Von Sensoren, die abhängig von Außentemperatur, aber auch von der An- oder Abwesenheit der Bewohner die Temperatur, Beleuchtung etc. regeln, bis hin zu Ferndiagnosesystemen, die den "Status" des Hauses aufs Mobiltelefon bringen, um zum Beispiel aus der Ferne die Heizung zu regeln oder Funktionen wie die Jalousien fernzusteuern. Das Haus wird intelligenter durch neue Integrationen in ein gemeinsames Hausnetz, in dem die Steuerung der Verbraucher im Haus dynamisch nach den Bedürfnissen der Bewohner und den Jahres- und Tageszeiten geregelt werden kann.

6. Das Ende des klassischen "Mobiltelefons":

Auch wenn immer noch viele Stimmen sagen: "So ein Smartphone ist doch ein Spielzeug, das brauch ich nicht". Wie so oft wächst eine Generation heran, die sich diese Frage gar nicht mehr stellt, für die ein "normales" Mobiltelefon schlicht zu funktionsarm ist und die die Möglichkeiten der Smartphones, sei es Navigation, Kommunikation, Social Media Interaktion oder auch Location Bases Services aktiv nutzt.

Auch der Festnetzanschluss wird stark an Nutzern verlieren, denn wer mobil ins Netz geht, braucht oft keinen Festnetzzugang mehr, zumal wir in den nächsten Jahren einen verstärkten Ausbau der breitbandigen Mobilzugänge erleben werden, einerseits getrieben vom Kundenwunsch andererseits von der Industrie, die nach und nach die Chancen der Location Based Services für gezieltes Marketing erkennt.

7. Die Verschmelzung von Buch und E-Book:

Rogner & Bernard und Haffmanns und Tolkemitt haben es angekündigt, und ich bin sicher, andere werden folgen. Nach und nach wird das E-Book an die Stelle des Paperbacks treten, und wer ein Hardcover kauft, erhält die E-Book Ausgabe quasi als Dreingabe dazu. Die E-Books werden sich in weiten Teilen der Bevölkerung etablieren, wünschenswert vor allem im Bildungssektor, wo sie dazu führen könnten, dass die Schulranzen der Kinder deutlich leichter werden und die Kosten für die Materialausstattung deutlich sinken.

8. Neue Formen der Arbeit, weg vom 9-17 Uhr Job am festen Schreibtisch im Büro:

Eine These, die ich schon seit einiger Zeit propagiere. Nicht für alle Arbeitnehmer, aber in einer sich immer mehr verstärkenden Wissensgesellschaft für immer mehr Arbeitnehmer wird der Ort, an dem sie arbeiten, irrelevant. Es werden sich Mischformen herausbilden aus Heimarbeit und Bürojob. Konzepte aus den Coworking Spaces werden auch in den klassischen Büros Einzug halten. Denn es werden neue Aspekte wie Energieeinsparung zum Tragen kommen, wenn sich mehrere Mitarbeiter einen Büroschreibtisch teilen können und für einen Teil der Arbeit nicht zur Arbeit fahren müssen, weil sie von zu Hause online Zugang haben.

Auch werden sich neue Jobprofile entwickeln, so etwa das des angestellten Beraters, der seine Skills nicht nur dem eigenen Unternehmen, sondern in dessen Auftrag auch anderen anbietet. Microjobs werden versteckten Talenten die Chance auf einen Nebenerwerb geben, wir werden mobiler arbeiten ohne gleichzeitig mehr pendeln zu müssen und damit mehr Ressourcen zu verbrauchen.

9. Collaborative Consumption:

Produkte zu teilen beginnt gerade als Konzept Fuß zu fassen. Car Sharing sei hier nur genannt oder Mifahrdienste wie [3]www.inc.org. Doch Collaborative Consumption als teilen statt kaufen ist noch in vielen weiteren Bereichen denkbar. Von Gartengeräten bis hin zu Küchenutensilien gibt es in jedem Haushalt viele Gerätschaften, die einmal gekauft nur noch verstauben. Es wird, verstärkt durch die technischen Möglichkeiten des Internet, zu einem Aufblühen von Nachbarschaftsplattformen kommen, in denen jeder seine Leihprodukte anbieten und andere Produkte leihen kann.

Generell wird es einen Trend zur virtuellen Community von Gleichgesinnten geben, die sich gegenseitig bei bestimmten Fragestellungen helfen. Wobei im Gegensatz zu Chatforen hier der direkte Austausch von Diensten oder Hilfen im Vordergrund steht.

10. Social Business und Work Life Integration:

Auch wenn Gewerkschaften und Betriebsräte das sicher als Bedrohung sehen werden. Die Grenze zwischen Arbeit und Privat wird zunehmen verschwinden. Es entstehen völlig neue Herausforderung für den Einzelnen und die Unternehmen, hier eine Integration zu erreichen, die sowohl die Interessen der Firma in Richtung Umsatz und Effizienz als auch die Interessen der Mitarbeiter mit Blick auf ausreichend Privatleben und Wahrung der Gesundheit bzw. Schutz vor Stress und Burn Out zu erlangen. Aber auch durch die neuen Formen der Arbeit mit zunehmender Mobilität und Unabhängigkeit von Ort UND Zeit wird sich hier einiges wandeln und eine stärkere Vernetzung beider Lebensbereiche stattfinden.

Gedanken in der Bahn: Wir brauchen keine Titel sondern Talente

Wieder eine dieser Reisen in meiner Rolle als Blogger, die mich mindestens genauso stark nachdenken lassen wie hoffentlich meine Hörer bei Beiersdorf.

Der Vortrag bei Beiersdorf drehte sich um die Frage, wie die IT unser aller Leben in der Zukunft beeinflussen wird. Dann beim gemeinsamen Abendessen mit der CIO kam das Gespräch wieder auf mein momentanes Lieblingsthema: Workplace of the future. Auch bei Beiersdorf Shared Services, wie eigentlich in den meisten Unternehmen, ist das Bewusstsein geschärft für den Wandel.

Was ich aber mitgenommen habe für meine Recherchen zur Arbeitswelt der Zukunft: Wir brauchen nicht nur eine Abkehr von den alten Denkmustern zu Lohnarbeit, nämlich, dass Anwesenheit = Leistung. Wir müssen auch Talent und Bezahlung neu denken. Es kann nicht angehen, dass z. B. ein neuer Mitarbeiter, der sich auf eine Stelle beworben hat, für die er oder sie "überqualifiziert" ist nur deshalb abgelehnt wird, weil zwar der Personalbereich UND der neue Mitarbeiter sich auf die Gehaltsstufe der Ausschreibung geeinigt haben, nach Tarifvertrag der Skill aber eine andere Einstufung verlangt. Wir müssen wegkommen von der Bevormundung der Mitarbeiter, vor dem Anspruch vor allem vieler Betriebsräte, den Mitarbeiter vor sich selbst schützen zu wollen. Das ist pure Arroganz und Bevormundung erwachsener Menschen.

Ich würde es mir verbitten, vorgeschrieben zu bekommen, wie ich genau meine Arbeit zu organisieren habe. Wir reden mittlerweile in vielen Bereichen gerade der IT von Arbeitsmodellen, die dem Empfinden und der Arbeitsweise vieler Informatiker schlicht konträr laufen. Und das wird sich auf weitere Bereiche der "Wissensarbeit" ausdehnen. Der größte Denkfehler ist anzunehmen, es gäbe das Arbeitsmodell, das Denkmuster für bezahlte Arbeit, das 100 % und für alle Menschen gleich geeignet sei. Der Mensch ist Individuum, und das endet nicht am Eingang zum Unternehmen.

Wir müssen zudem den Fokus endlich wegnehmen von erworbenen Titeln, die einen Mitarbeiter in gewisse Bezahlkorsetts zwingen und einen Wechsel in andere Bereiche dank scheinbarer Überqualifizierung fast unmöglich, oft aber zumindest sehr schwierig machen. Es gilt wieder mehr den Mitarbeiter zu betrachten mit seinem aktuellen Status Quo. Wie viele versteckte Talente sind in Unternehmen quasi begraben, weil ihre "Ausbildung" angeblich nicht zur Stellenausschreibung passt. Hinterfragt man aber das Motiv für die Bewerbung, findet man oft ein verstecktes Talent, das auf die ausgeschriebene Stelle nicht nur passt sondern eigentlich die Idealbesetzung darstellen würde. Wenn dann aber der Tarifvertrag das nicht hergibt, darf dieser Person dann die Stelle verweigert werden, wenn sie selbst damit einverstanden ist, anders eingruppiert zu werden? (Die Betriebsräte unter meinen Lesern rufen jetzt hoffentlich nicht gleich wieder nach dem elterlich besserwisserischen Beschützen des Mitarbeiters vor sich selbst)

Lasst Menschen die Chance, auch Neues zu probieren, vertraut auch wieder mehr auf Selbsteinschätzung desjenigen, der sich bewirbt. Wir reden hier von erwachsenen Menschen und sollten ihnen zumindest die Chance einer Probezeit geben. Und kommt mir nicht mit Kosten. Ich bin der festen Überzeugung, dass die meisten Menschen sehr wohl einschätzen können, ob eine Anstellung zu ihnen passt oder nicht (die meisten trauen sich eher zu wenig als zu viel zu). Wir müssen aber auch die Chance zum Wechsel, zum Schnitt, zum Neuanfang in einem anderen Thema möglich machen. Der talentierte, motivierte Mitarbeiter auf neuem Gebiet ist mir allemal lieber, als alle Mitarbeiter auf ihre Titel und die dazu passenden Berufe zu reduzieren. Ich bin nicht nur Informatiker, sondern auch Autor, Blogger, Maler und vieles mehr.
Sucht die Talente, nicht die Titel!

Vom Hyperconsumerism zum gezielten Konsum: Nicht konsumieren als Megatrend

Ich prognostiziere hier mal einen Trend, den ich noch gar nicht wirklich sehe, außer in einigen wenigen Randgruppen. Was zur Zeit beginnt, sich als "collaborative consumption" und "Carrot Mob" einen Weg ins Bewusstsein der Masse zu bahnen, könnte sich in der nahen Zukunft zum neuen Megatrend entwickeln, dem sich Werbung und Marketing dann stellen müssen.

Die Medien, die uns permanent mit Werbebotschaften befeuern, bieten gleichzeitig in nie dagewesener Form Features und Berichte von Umweltzerstörung, Ausbeutung und Sklaverei ähnlichen Zuständen. Durch soziale Vernetzung wird jede Verfehlung eines großen Konzerns so sie denn ruchbar wird, tausendmal schneller gestreut als noch in der Vergangenheit.

Meine These nun lautet: Der Konsument wird kritischer. Sehr viel kritischer. Er fordert in Zukunft Offenlegung nicht nur der Herkunft des Produkts, sondern auch der Bedingungen, unter denen produziert wird. Er will wissen, wie die Mitarbeiter geführt werden, was er mit seinem Produkt für einen CO_2 Fußabdruck hinterlässt. Der Kunde wird mündiger. Sehr viel mündiger.

Und er wird bald immer häufiger hinterfragen: Brauche ich das wirklich? Die Produktzyklen werden immer kürzer. Mittlerweile sind manche Elektrogeräte schon nach einem halben Jahr hoffnungslos veraltet und Geräte, die älter als zwei Jahre sind, bedeuten gerade im Bereich IT eher ein Sicherheitsrisiko mangels Updates und Produktpflege. Aber parallel schrumpft das Einkommen. Es muss häufiger überlegt werden: Leiste ich mir das noch. Und daraus wird in Zukunft immer häufiger die Frage resultieren: Brauche ich das überhaupt? Es wird sich immer weiter eine Kultur des Teilens, eben der collaborative consumption bilden.

Gleichzeitig wird sich auch wieder verstärkt die Frage nach der Herkunft und dem "gerechten Preis" stellen. Nicht umsonst sind Geschäftsmodelle wie z. B. die in Schwäbisch Hall ansässige „Bäuerliche Erzeugergemeinschaft" mit regionalen, naturbelassenen, qualitativ hochwertigen aber eben auch teureren Produkten dennoch sehr erfolgreich.

Nicht nur der Kapitalismus als solcher steht heute zur Diskussion. Die gesamte Wirtschaft, die nicht auf Langlebigkeit und Nachhaltigkeit ausgerichtet ist, muss sich die Frage nach ihrer Berechtigung stellen lassen. Dauerhafte Werte sind wieder im Kommen. Das ist für mich einer der großen neuen Megatrends.

Vom Fluch der Standards

Zuvorderst, damit hier keine falschen Eindrücke entstehen. Ich halte Standards für sinnvoll. Wenn man es nicht übertreibt. Doch genau das scheint eine beliebte Tendenz zu sein, insbesondere bei Unternehmen und Themen, die eine gewisse Größe erreicht haben. Dann wird versucht, alles in einen Standard zu pressen. Von der Art der Schreibtische bis zum Aussehen des Desktops. Von der Vorgehensweise beim Programmieren bis hin zu den Werkzeugen, die jeder benutzen darf. Das mögen gute Ansätze sein, aber wo ich jemandem einen Standard sichtbar aufzwinge, ist das meist zum Scheitern verurteilt.

Standards sind immer dann gut, wenn sie die Auswahl des einzelnen nicht beeinflussen. Oder zumindest dafür sorgen, dass egal was derjenige auswählt, er es immer wieder verwenden kann. Also bei Produkten.

Es ist sinnvoller Standard, eine Norm für die Stecker von Ladegeräten einzuführen oder für Papiergrößen und verschiedene Maßeinheiten. Ganz anders ist die Sache aber gelagert, wenn sich Standards mit den persönlichen Vorlieben von Menschen überschneiden oder gar eine ganze Gruppe auslassen. Standardarbeitsplätze mögen an sich eine gute Idee sein, würden wir alle auf die völlig gleiche Art arbeiten. Aber genau das tun wir nicht. Gerade hier gilt, was dem einen sein Ul, ist dem andern sein Nachtigall. Ich bin Linkshänder und bekomme bei einem projektbedingten Umzug meinen Tisch in schöner Regelmäßigkeit so aufgebaut, dass er auf einen Rechtshänder ausgerichtet ist.

Ich entwickle in einem Umfeld, in dem ich als jemand, der mit Maus und GUI arbeitet, stets die Frage zu hören bekomme, wie kannst du nur so arbeiten.

Für Standards gilt, wie für vieles im Leben: Nur weil es standardisiert ist, ist es nicht gut. In vielen Bereichen ist es gerade die Vielfalt, die absichert, die es ermöglicht bei Versagen eines "Standards" auf einen anderen auszuweichen. Gerade in der Ergonomie finde ich es bedenklich, wie häufig hier Standards festgelegt werden für Abstand zum Bildschirm, bevorzugte Farben, Schriftgrößen und ähnliches. Dabei finde ich es z. B. anstrengend, mit großen Schriften zu arbeiten und mag es, meinen Bildschirm möglichst weit ans Tischende zu stellen. Beides kein Standard.

Ich würde stets empfehlen, bevor wir uns auf einen Standard festlegen, erst zu hinterfragen, ob der Standard die Situation wirklich verbessert. Und diese Frage MUSS man sich in regelmäßigen und nicht zu langen Abständen wieder stellen. Der Standard von heute kann das Hindernis von morgen sein. Standards machen in einer eher statischen, nicht innovativen Umgebung Sinn. Wo aber Innovation gefordert wird, kann der Zwang zum Standard, sei es die Programmiersprache, das Werkzeug oder der Prozess, sehr schnell zum großen Hindernis werden und gegebenenfalls mehr Geld kosten, als die Einhaltung des Standards an Ersparnissen bringt.

Das Blog ist tot, es lebe das Blog (anstelle eines Epilogs)

In aktuellen Diskussionen erklären selbsternannte Sprecher des Internets das Netz wie wir es kennen für tot, für gescheitert. Dabei verwechseln sie eines, nicht das Netz ist tot, unsere Gesellschaft hat es bislang versäumt, das Netz ernst zu nehmen. Die Möglichkeiten der Interaktion und Kommunikation, des vernetzten Protestes werden bislang nur von einer digital versierten Minderheit genutzt. Wir brauchen mehr Akzeptanz für die modernen Technologien und vor allem mehr Wissen darüber, welche Möglichkeiten, Gefahren und Risiken damit einhergehen.

Das bringt mich zu meiner zentralen Forderung. Medienkompetenz ist ein Schlüsselskill der Gegenwart und nur wer hier Wahrheit von Lüge, eine gute Quelle von einer schlechten unterscheiden kann, wird langfristig mit der Zukunft und ihren Herausforderungen umgehen können. Wir dürfen die Entwicklung nicht ignorieren sondern müssen uns, und vor allem auch unsere Kinder darauf vorbereiten, in einer immer digitaleren Welt zu leben.

Wir können in Talkshows die Entwicklung beklagen, zurückdrehen lässt sie sich nicht mehr. Ich bin kein Kulturpessimist und glaube auch nicht, dass wir auf eine gefährliche Zukunft zusteuern. Wir verhalten uns lediglich im Moment so, wie jemand, der sich zum ersten Mal ans Lenkrad eines Autos setzt, ohne Führerschein, und mit der Einstellung, dass dieses technische Gerät eine reine Bedrohung ist. Dabei kommt es auf unser Wissen, unseren Umgang mit modernen Technologien und Formen des Zusammenlebens an. Wir haben es in der Hand, aus etwas neutralem das Gute, oder das Schlechte herauszukitzeln.

i want morebooks!

Buy your books fast and straightforward online - at one of world's fastest growing online book stores! Environmentally sound due to Print-on-Demand technologies.

Buy your books online at
www.get-morebooks.com

Kaufen Sie Ihre Bücher schnell und unkompliziert online – auf einer der am schnellsten wachsenden Buchhandelsplattformen weltweit! Dank Print-On-Demand umwelt- und ressourcenschonend produziert.

Bücher schneller online kaufen
www.morebooks.de

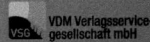 VDM Verlagsservicegesellschaft mbH
Heinrich-Böcking-Str. 6-8 Telefon: +49 681 3720 174 info@vdm-vsg.de
D - 66121 Saarbrücken Telefax: +49 681 3720 1749 www.vdm-vsg.de

Printed by Books on Demand GmbH, Norderstedt / Germany